El arte *de* vivir bien

Consejos
para conservar la salud
y la alegría de vivir

Svevo Brooks

Traducción de
Isabel Marta Valle

CÍRCULO DE LECTORES

A mi abuelo, Louis Brooks,
mi inspiración desde el pasado

A mi hijo, Noah Haynes Brooks,
mi inspiración para el futuro

A todos los que aprecian la sabiduría
y belleza de la naturaleza
y procuran emular sus caminos saludables

El final de toda exploración será
llegar al punto de partida y
conocer el lugar por primera vez.

T. S. Eliot

Un poco de conocimiento adquirido día a día,
a su debido tiempo señala el camino a la sabiduría.

Madre Naturaleza

Índice

Introducción, por Juliette de Bairacli Levy..... 11
Prólogo 13
Prólogo a la edición de 1990...................... 21

CAPÍTULO 1: ℜ: Los juegos infantiles y la vitamina O.................... 31

CAPÍTULO 2: ℜ: En el séptimo día............ 53

CAPÍTULO 3: ℜ: Abrir el grifo 71

CAPÍTULO 4: ℜ: Por el precio de unas pocas pinzas para la ropa........... 89

CAPÍTULO 5: ℜ: Dieta para un estómago pequeño y feliz............... 99

CAPÍTULO 6: ℜ: Buena administración......... 131

CAPÍTULO 7: ℜ: Remedios anticuados para males actuales...................147

CAPÍTULO 8: ℜ: La montaña de la juventud.. 171

APÉNDICE A: Cuestionario para la autoevaluación de la salud........179

APÉNDICE B: Programas para mejorar la salud 203

APÉNDICE B: Breves ensayos sobre nutrición..223

Palabras finales 231
Recetas (ℜ) 233

Introducción

Éste es un libro ameno, importante y realmente admirable. Cuando comencé a leerlo me di cuenta de inmediato cuán especial era, y adquirí varias copias para prestar a aquellas personas que consideré que necesitaban su ayuda. Pero cuando me dirigí a ellas para ver qué progreso habían hecho y recuperar los libros para prestarlos a otras, ¡ninguna quiso devolverme el ejemplar! La razón que me daban era siempre la misma: «Esta obra es en realidad sentido común».

Este libro perdurará y perdurará porque sostiene antiguas enseñanzas básicas, de hecho bíblicas, que reverencian a los ángeles del aire, la luz y el agua y respetan la integridad, delicadamente equilibrada, de la tierra. Vivir en armonía con la naturaleza, lo que enseña este libro con tanta elocuencia, es esencial para la supervivencia humana y la del mundo entero, incluida su maravillosa flora y fauna.

Los siete preceptos que constituyen la base de esta obra son para vivir una buena vida, y deberían colgarse en cada guardería y escuela, en oficinas, edificios públicos, cocinas: en todo lugar donde se reúnen los seres humanos. Si estos preceptos se generalizaran, el mundo, que en la actualidad está amenazado y expuesto al peligro debido a un estilo de vida necio y antinatural, podría convertirse en un lugar más feliz y seguro para todos nosotros.

Juliette de Bairacli Levy
Kizira, Grecia

Prólogo[1]

Si estuviesen vivos hoy, con seguridad nuestros antepasados se divertirían al ver a hombres y mujeres adultos correr por un sendero, pedalear en bicicletas fijas o practicar gimnasia y respiración profunda delante de los televisores. Su reacción ante estos ejercicios especiales podría ser muy similar a la de algunos niños que hace unos años me vieron correr en el patio de la escuela primaria local.

Había ido allí muchas veces, pero siempre al atardecer o los fines de semana. Aquel día fui por la tarde; estaba corriendo solo, tranquilo, absorto en mis propios pensamientos y pasos. De repente, sin advertencia alguna, un crescendo de voces agitadas quebró el silencio de la tarde. Por todas partes había niños que reían, gritaban y chillaban: jugaban al pillapilla, trepaban como monos a las barras y a las anillas, saltaban a la comba, arrojaban pelotas, daban volteretas hacia delante y hacia los costados, se precipitaban en todas direcciones; se desternillaban de risa y vociferaban todo el tiempo, como si trataran de anunciar algo muy importante al resto del mundo. Cuando pasé corriendo delante de los columpios, uno de los críos me preguntó qué estaba haciendo.

–Ejercicio –dije, y seguí corriendo alrededor del patio.

Cuando volví a pasar, dos niños se apearon de los columpios y comenzaron a correr a mi lado.

1. Los consejos que se ofrecen en este libro no pretenden reemplazar la atención de su médico de cabecera. Tienen como propósito lograr la prevención y ayudar al lector a entenderse mejor con su médico y con otros profesionales de la salud para alcanzar un óptimo estado físico.

–¿Quieres jugar? –preguntaron con timidez.

Sonreí ante esa invitación infantil.

–Ahora no puedo –respondí–. Tengo que terminar esta carrera.

Proseguimos juntos, rodeamos lentamente el patio, cada vez se incorporaban más criaturas sonrientes y entusiastas. En poco tiempo éramos cinco, luego siete y finalmente una docena o más. En las dos primeras vueltas, desplazándose a mi lado, siguieron mi ejemplo de modo bastante aproximado, pero más tarde comenzaron a zigzaguear, después a correr lateralmente y en ocasiones hacia atrás, en una especie de juego en el cual todos imitaban al líder. Al principio hice caso omiso de tales distracciones; aunque eran divertidas, interferían en el ritmo de mi actividad física. Pero el espíritu de estos chiquillos era contagioso y ya no pude resistir la tentación de sumarme a sus juegos. Con vergüenza, pero también con creciente entusiasmo, empecé a seguirlos y pronto descubrí que saltaba, zigzagueaba, daba volteretas, me balanceaba como un equilibrista sobre un muro de cemento, saltaba con un pie y después con el otro, me dirigía a toda velocidad a heladerías y tiendas de golosinas imaginarias, que se alzaban como oasis en medio de un vasto y desierto patio.

Mas luego, justo cuando lograba relajarme y disfrutaba de verdad este nuevo juego, sonó un timbre. En pocos segundos, el mágico lugar estaba silencioso y vacío; mis amigos que reían, gritaban y corrían se habían ido.

Durante dos o tres minutos me quedé quieto, en medio del silencio, todavía influido por la risa y la algarabía del recreo. Comencé a correr otra vez lentamente; sólo oía el clomp-clomp de mis pasos en el césped. Pero ahora el ejercicio parecía aburrido y difícil, me pesaban las piernas y mi mente se dispersaba con facilidad. No podía dejar de pensar en los niños y en lo mucho que me había divertido. Todo había sido tan sencillo, tan entretenido. Por contraste, cada paso era un trabajo rutinario. Pocos minutos después estaba cansado y sin estímulos para continuar; vacío y hasta cierto punto triste, caminé a ritmo pausado de regreso a casa.

La tarde que pasé en el patio de la escuela fue todo un descubrimiento (¡más juegos infantiles!). De pronto comprendí cuán serio, aburrido e ineficaz era mi propio programa de ejercicios comparado con los juegos de esos chavales. Si no, ¿por qué otro motivo me habían preguntado qué estaba haciendo? También consideré mis razones para realizar esa práctica. ¿Por qué ha de hacerse del ejercicio una actividad especial, con instalaciones, ropa y equipo especiales? ¿Por qué no podía ejercitarme en mi vida diaria normal?

La respuesta era simple: el ejercicio era algo que planificaba y para lo cual establecía un horario. Tenía lugar determinados días, a determinadas horas y en determinadas formas ya establecidas. Suponía una agradable desviación a mis obligaciones sedentarias usuales: me brindaba una oportunidad para estirar los músculos, mantenerme en forma y además lograba que estuviese al aire libre, en un contacto más estrecho con la naturaleza.

Aunque la idea de practicar actividad física como parte de la vida cotidiana era atractiva, parecía poco probable. El único ejercicio regular que me proporcionaba la rutina diaria lo hacía mi lengua; comer y conversar le demandaba esfuerzo. Y por más que yo hubiese disfrutado por completo esos momentos infantiles en el patio, en mi fuero interno supe que no estaba preparado para barras, combas y volteretas, por lo menos no en forma sistemática. Lo que precisaba era algo más simple, más práctico y moderado.

A pesar de que mi propia rutina –correr, hacer gimnasia, nadar de vez en cuando, un poco de tenis– era entretenida y hasta cierto punto relajante, no era tan satisfactoria. Pero sí cara, me exigía más tiempo del que hubiese querido y no parecía sentarme tan bien. Sin embargo, era lo mejor que podía hacer. ¿Lo era en realidad?

Pensé en mis antepasados, que probablemente habían sido cazadores y recolectores. Con seguridad no hacían ejercicio. Quizá ni siquiera conocieran esta palabra con la acepción que hoy le damos. No eran miembros de clubes para la salud, no ingerían vitaminas ni seguían dietas especiales. No hacían flexiones, no levantaban pesas ni corrían alrededor de una pista. No era necesario. Para sobrevivir, estaban en constante movimiento: caminaban en cuclillas por debajo de las ramas, escalaban rocas, levantaban y arrastraban cosas, se inclinaban, caminaban kilómetros y kilómetros todos los días. En pocas palabras, el simple hecho de vivir su vida los tenía ocupados.

Por otra parte, se me ocurrió que estos ejercicios «naturales», tal como los practicaban a diario mis antepasados, eran muy similares a nuestros primeros movimientos. Por ejemplo, cuando nace un bebé, patalea en el aire y agita los dedos de los pies, las manos, los brazos y la cabeza. Un bebé utiliza todo su cuerpo desde el momento en que llega a este mundo, e incluso mucho antes. A medida que crece y aprende a coordinar y a emplear las distintas partes del cuerpo, su vida llega a ser una sucesión ininterrumpida de ejercicios: rueda, gatea, camina, corre, tropieza, cae, trepa sobre los obstáculos, continuamente se levanta y vuelve a levantarse. ¡Al igual que mis jóvenes amigos de la escuela!

Al proseguir con mis reflexiones, comencé a ver que así como mi idea de la actividad física era muy formal y madura, también lo era la que tenía sobre la alimentación, el sueño, la eliminación, el relax, el aseo y casi todo lo demás que hacía en mi vida diaria. Supongo que esto no tendría que haberme causado tanta sorpresa. ¡Después de todo, yo era un adulto! Comía como se suponía que debía hacerlo un adulto, me ajustaba a un horario de sueño de adulto, realizaba trabajo de adulto, viajaba como adulto. La mayoría de mis actividades dependían de inventos de adultos, como los relojes, los calendarios, los teléfonos y los automóviles.

Lo único que funcionaba mal con respecto a todo esto, es que a menudo trabajaba cuando deseaba una siesta, sentía apetito después de comer y estaba tenso luego de hacer algo que supuestamente me relajaría. Había leído docenas de libros sobre la salud, había seguido diversas dietas, había concurrido a seminarios sobre relajación y gastado muchos dólares en medicinas y médicos para mis molestias, dolores y sufrimientos ocasionales. El problema no era la falta de información. Si algo padecía, era su exceso. Lo que anhelaba era un plan simple, que yo disfrutara y que fuese efectivo.

Curioso por saber cuánto había cambiado a lo largo de los años, quité el polvo a una caja de zapatos con viejas fotografías y me observé en «los viejos tiempos». Flotaron a través de mi mente recuerdos de momentos de holgazanería, libres de preocupaciones: nadaba en el mar, construía un fuerte, iba en canoa en un campamento de niños exploradores, hacía pícnics y fiestas de cumpleaños y acampaba en el jardín trasero. A pesar de que las imágenes y expresiones constituían una representación exacta del aspecto que tenía, existía algo aún más revelador, que estaba más allá de la figura escuálida, el cutis moreno, el cabello cortado al rape y la eterna sonrisa. Lo vi especialmente en los ojos. Era una especie de destello juvenil, una mirada despreocupada, bastante temeraria, que hablaba de mariposas y fuertes secretos, canicas en el lodo, miembros flexibles que no temían colgarse de las ramas de altos árboles.

Dejé las fotografías y fui a mirarme al espejo. Lo que vi fue a una persona preocupada, con la mandíbula tensa, calvicie incipiente y una sonrisa salpicada por oro y plata. Los ojos eran aún verde grisáceo y un tanto traviesos, pero la chispa había desaparecido. En su lugar, descubrí a un adulto serio, acosado por demasiadas llamadas telefónicas, citas y embotellamientos de tránsito; el destello de la respetabilidad y la responsabilidad había reemplazado el brillo de la niñez.

¿Qué había sucedido? ¿Dónde estaba ese muchacho joven, despreocupado, de la sonrisa eterna? ¿Dónde estaba ese chico que comía cuando tenía apetito y dormía cuando estaba cansado? ¿Se había ido para siempre, relegado a vivir en una vieja caja de zapatos, con paseos sólo ocasionales? No se trataba de que envidiara su cabellera y sus dientes relucientes, o siquiera su cintura y piernas tan delgadas. Hacía tiempo que había dejado de venerar los aspectos físicos de la juventud. Lo que me atraía era algo más: su actitud, su sonrisa relajada y segura. Parecía saber que podría conquistar el mundo. Yo ya no estaba tan seguro.

Las siguientes semanas continué observando las viejas fotografías. Algunas tardes deambulé cerca del patio de la escuela; aunque no entré, sentí gran placer al contemplar a mis jóvenes amigos, que disfrutaban el recreo con tal temeridad y desenfreno. De algún modo, esto me dio esperanza. Después de todo, apenas unas semanas atrás, ¡yo había sido uno de ellos!

Tras considerar este asunto con atención y permitirme cierta dosis de ensueño y entusiasmo exagerada para un adulto, decidí que en realidad deseaba asemejarme más a los niños... pero a la manera de un adulto. Ansiaba encontrar actividades infantiles que pudiese integrar a mi vida normal de adulto: ejercicio y alimentación, relajación y aseo, risas y lágrimas.

Durante los diez años siguientes, estudié a los niños. Jugué al escondite y a la rayuela, trepé a los árboles y aprendí a hacer el pino. Observé cómo hacían la siesta durante el día, la posición de sus pequeños cuerpos mientras dormían por la noche, su postura, sus hábitos alimentarios, su forma de bañarse, de pelear y de respirar. Me concentré, sobre todo, en su espontaneidad, su ingenio, su ansia inagotable por correr riesgos y aceptar y gozar la vida.

Me esforcé por imitarlos. No siempre fue sencillo; yo era mayor, más rígido y tenía mis costumbres. Pero aprendí, o mejor dicho aprendí nuevamente, y los cambios que sentí me resultaron familiares. Como con las viejas fotografías, la juventud que redescubrí era la propia, oculta durante décadas de negligencia, ignorancia y en ocasiones temor, no intencionados. Por fortuna, los chiquillos son pacientes maestros; me toleraron y ayudaron cuando me uní a sus juegos; cooperaron cuando até podómetros a sus piernas para ver cuántos kilómetros recorrían durante el día.

Al reconocer que las criaturas, al igual que los adultos, tienen muchos problemas y defectos, tomé lo que consideré sus atributos más positivos y saludables, y los transformé en actividades para adultos. El resultado es un programa simple, divertido, fácil de aprender y que no cuesta nada. No requiere equipo especial, experiencia ni preparación superior. Si sabes bostezar y gozar de una buena siesta, ¡entonces este programa te dará resultados!

La respuesta ha sido muy gratificante. A través de

conferencias, artículos y el entusiasta trabajo misionero de cientos de niños que volvieron a nacer, miles de personas de toda edad y constitución descubrieron otra vez no sólo actividades juveniles, sino también una buena salud juvenil. Como yo, aprendieron que al transformar determinadas rutinas sencillas de la niñez en parte de la vida diaria de los adultos, pueden dejar de lado actividades tan aburridas como el ejercicio y las dietas, y dedicar su atención total a lo que hacen mejor: vivir.

Este libro te invita a permitir que la niñez bulla en la superficie nuevamente. Si te preguntas cuán saludable eres y cuánto de niño hay en ti, consulta el «Cuestionario para la autoevaluación de la salud» en la página 179.

Luego sigue las recetas que se prescriben en los capítulos de este libro. Comprobarás que son dulces e indoloras, y que están pletóricas de ese antiguo tónico y elixir que es el sentido común.

> Sentido común, sentido, 1.535. 1. Un sentido interno que se consideraba el nexo o centro de los cinco sentidos 1.543. 2. Comprensión común, normal o corriente (sin ella, un hombre es tonto o demente). 1.535. b. Sentido práctico, bueno y sano; sagacidad general.
>
> *The Oxford Universal Dictionary*

* Este símbolo indica, a lo largo del libro, pautas para lograr el éxito y el placer de una buena salud.

Prólogo a la edición de 1990

Han transcurrido veinte años desde que comencé a escribir este libro, y durante este lapso mis ideas respecto a la salud se han visto modificadas por cambios espectaculares en el mundo que me rodea. Por ejemplo, cuando redacté el capítulo sobre el sol, insté a la gente a pasar más tiempo al aire libre. Ahora, debido a los informes de daños a la capa de ozono y a un aumento alarmante del cáncer de piel, debo advertir a los lectores sobre los peligros de la exposición a los rayos solares y recordarles que usen ropa y protectores solares adecuados. Veinte años atrás les recomendaba que realizaran más actividad aeróbica a la intemperie, en especial caminatas vigorosas. Hoy, al seguir este consejo en un área industrial urbana, estarían expuestos a crecientes niveles de toxinas transportadas por el aire. Asimismo, se ha incrementado la contaminación del agua, y su calidad constituye una de las principales preocupaciones públicas.

La magnitud de nuestros problemas ambientales pasmó y atemorizó a muchas personas. Como respuesta, algunas trataron de alejar estos problemas de su mente, con la esperanza de que desaparecieran de algún modo, la naturaleza los remediara o la tecnología descubriera algo para purificar el aire y el agua, para reparar la capa de ozono y curar el cáncer. ¿Es esto realista? Y si no lo es, ¿cómo hacer frente a nuestros problemas? ¿Cómo podemos salvar nuestros bosques y leer el diario de los domingos? ¿Cómo podemos refrigerar nuestros alimentos y proteger la capa de ozono? ¿Cómo podemos manejar nuestros coches y mantener el aire limpio? En pocas palabras, ¿cómo podemos preservar la tierra y continuar gozando de sus dones?

Un proverbio beduino reza así: «Confía en Dios, pero ata tu camello». Significa: orar y anhelar un mundo mejor no es suficiente, también debemos trabajar para hacer que suceda. Así como la salud individual es posible con la práctica diaria de una simple disciplina, la salud global sólo puede lograrse a través de sencillos esfuerzos cotidianos.

Los esfuerzos silenciosos de una mujer que hoy tiene setenta años ilustran este punto con claridad. Cada mañana emprende una vigorosa caminata por su barrio, y mientras lo hace se detiene cada tanto para recoger basura: una botella, un trozo de papel, una taza de plástico. La primera vez que la encontré me molestó su proceder; interrumpía el ritmo de mi caminata aeróbica. Mas era tan hábil para levantar cosas y luego simplemente marchar con pasos largos, y parecía que lo disfrutaba tanto, que pronto opté por reunir yo también basura pequeña. A través de los años, esta mujer, sin ostentación ni intentos por convertir a otros, ha motivado a muchas personas, entre las cuales me incluyo, a recolectar basura, y ha resaltado la belleza de las calles de nuestra comunidad.

Este principio elemental de conducta humana a menudo se pasa por alto. Consideramos que es demasiada tarea para realizar solos, o esperamos que alguien más tome la iniciativa. Olvidamos que, como los niños, aprendemos por imitación y que todo lo que hacemos –cada pequeño acto– es presenciado y, con el tiempo, copiado. La magnitud del acto no es importante. Su regularidad sí cuenta. Es como el ahorro: pocas monedas que se guardan día a día, se transformarán en una suma significativa a través de los años. Las personas saludables suelen encontrar áreas en las cuales las pequeñas tareas, que se cumplen con regularidad, ayudan a mejorar la calidad de la vida humana.

A pesar de las noticias deprimentes a través de la televisión, la radio y los periódicos, un gran número de cosas positivas están ocurriendo en el mundo todos los días. Por cada acto destructivo del que se informa, se omiten miles de actos constructivos. Por cada desgracia, hay miles de hechos afortunados. En pocas palabras, suceden más cosas buenas que malas. De forma análoga, la salud y vitalidad de cada individuo tienen mayor peso que sus deficiencias y enfermedades. Esto es importante. En lugar de tratar la enfermedad, podemos aprovechar mejor el tiempo si fomentamos la salud. En vez de meditar sobre los problemas que se plantean en la sociedad, podemos emplear mejor nuestro tiempo si mejoramos las comunidades en las cuales vivimos. Este enfoque produce grandes resultados. Las personas que aprenden a apreciar y a utilizar sus fuerzas, pronto descubren que sus debilidades disminuyen en importancia. De igual modo, los males sociales no pueden prosperar cuando las personas individuales se dedican a soluciones simples y creativas.

La siguiente historia lo expresa mejor. Frank, empleado de una estación de servicio, estuvo abatido durante varios meses. Trabajaba muchas horas y sentía que su jefe y sus ajetreados clientes por lo general no lo valoraban. Un día, cuando Frank estaba muy desanimado, recibió una tarjeta de un cliente anónimo, en la cual éste le agradecía el modo concienzudo en que había limpiado el parabrisas de un automóvil. Frank se sintió tan satisfecho por este sorpresivo cumplido –el primero que había recibido en meses– que leyó la tarjeta varias veces, se la mostró a sus colegas y amigos y la colocó en un lugar destacado, donde estaría seguro de verla todos los días. Después, la disposición de Frank mejoró constantemente. Un día, movido por un impulso, él mismo envió una tarjeta al alcalde de la ciudad. En ella le felicitaba por su empeño en mejorar el transporte público y expresaba su preocupación por la falta de lugares apropiados para que jugaran los niños. Frank se sorprendió al recibir una respuesta en la que se le invitaba a ser miembro de una comisión de ciudadanos voluntarios que trabajaban para mejorar los parques públicos. Aceptó y así comenzó una vida nueva y emocionante como integrante comprometido de su comunidad.

Este libro tiene un objetivo simple: inspirarte, estimado lector, para que mejores tu propia salud y la del mundo que compartimos. Espero sinceramente que alcances la renovada vitalidad que resulta de seguir estos métodos, y la orientes con prontitud y entusiasmo hacia el perfeccionamiento de la sociedad.

El arte *de* vivir bien

Capítulo 1

ℜ: Los juegos infantiles y la vitamina O

El organismo humano sano es un instrumento realmente extraordinario. Puede trepar a los árboles, saltar por encima de las acequias, arrastrarse por debajo de los arbustos, nadar a través de los ríos y caminar o correr kilómetros y kilómetros sin detenerse. Por supuesto, después de tanto esfuerzo, a menudo se desploma y se queda dormido. ¡Pero una vez que ha descansado unas horas y ha comido algo, se despierta y está listo para hacerlo todo otra vez!

Dado que existe esta increíble vitalidad y variedad de movimientos, ¿por qué, después de unos años, en ocasiones sólo dos o tres décadas, una tarea simple como subir una escalera, inclinarse o levantar una caja puede llegar a ser tan difícil e incluso dolorosa? ¿Por qué comenzamos a despertarnos rígidos y al subir un tramo de escaleras nos quedamos sin aliento? ¿Por qué el cuerpo joven que se agacha, salta, se cuelga, corre y se contorsiona con tanta facilidad y gracia no responde, se transforma en un cuerpo plagado de dolor y frustración?

Muchas personas sienten que el proceso de envejecimiento es el responsable. Afirman que los dolores y sufrimientos son parte de este proceso y ni los más fervientes deseos pueden alterarlo. Por lo tanto, también sostienen que la mayoría de las incapacidades y tendencias físicas se transmiten dentro de la familia, que existe una especie de predisposición genética: debemos cargar con el tipo de salud que nos ha caído en suerte al llegar a este mundo.

¿Son válidos estos argumentos? ¿Debemos seguir nuestro curso, sencillamente, y aceptar las enfermedades porque estamos envejeciendo o porque nuestros padres sufrían? Aunque admitamos que la herencia y la edad influyen en la salud, estudios recientes demuestran de forma concluyente que no son los principales factores determinantes de la salud. De hecho, el elemento más importante es la actitud. Es decir, si creemos que nada puede hacerse para evitar el deterioro de nuestra salud, lo más probable es que nada se haga. Por otro lado, los que sienten que pueden hacer algo y lo hacen, son testigos de mejorías sustanciales en su salud. En síntesis, somos tan vitales como nos permitimos serlo.

Sin embargo, persiste el interrogante: ¿A qué se debe el deterioro? Si la edad y la herencia no son responsables, ¿cuál es la causa? ¿Y qué podemos hacer?

Con seguridad, una de las explicaciones más importantes es nuestra existencia sedentaria. La mayoría somos haraganes: nos trasladamos en coche en lugar de caminar, utilizamos máquinas y no nuestros cuerpos, nos sentamos durante horas al volante, detrás de los escritorios y frente a los televisores. El ejercicio que supone reunir los alimentos sólo consiste en empujar el carrito a lo largo de los pasillos del supermercado. Para calentar los hogares solía cortarse y acarrear leña; hoy movemos una pequeña palanca en el termostato.

Además, si bien nuestras actividades diarias pueden incluir cierta actividad física, este trabajo, paradójicamente, a menudo contribuye a deteriorar nuestra salud. Como la maquinaria moderna supone tanto trabajo, ya sea en forma directa o indirecta, en general es necesario usar cuerpo y mente de forma tal que producen tensión: forzamos la vista para ajustar pequeñas piezas de un mecanismo; manipulamos sustancias tóxicas; reiteramos movimientos que crean un desgaste desigual en determinada parte del cuerpo; nos sentamos en la misma posición durante horas; permanecemos mucho tiempo de pie sobre superficies rígidas.

Otra explicación para nuestros crecientes dolores y sufrimientos consiste en que la sociedad constantemente nos estimula a pensar que es normal ser obeso, lento, rígido, sedentario, estreñido, letárgico y malhumorado. La televisión, la radio, los diarios, las revistas y los carteles hacen que sea en extremo atractivo comer más, conducir más y comprar más aparatos domésticos que «ahorran trabajo» de forma tal que no tengamos que movernos tanto. Las aspirinas, los antiácidos y los laxantes han tenido tanta alabanza y publicidad como panaceas para todos nuestros malestares, que muchos hemos llegado a aceptar como inevitables los dolores de cabeza, las molestias y el estreñimiento que pretenden curar. Existen pocos anuncios que nos inciten a caminar, pasear en bicicleta, jugar y relajarnos.

Este alejamiento del juego y el movimiento se agudiza por razones económicas. A medida que somos más opulentos, nos vemos alentados a emplear máquinas de lavar ropa, abrelatas, cuchillos, cortadoras de césped, secadoras de ropa y ascensores eléctricos como prueba de nuestro bienestar material. El éxito suele definirse en términos económicos; aunque nuestra salud se haya deteriorado, se nos considera afortunados porque nuestro bienestar financiero es tan logrado.

Por desgracia, muchos de nosotros no somos conscientes de que existen alternativas ante este deterioro. Aceptamos articulaciones rígidas, espaldas doloridas, dolores de cabeza y gafas como «naturales a mi edad». Llegamos a ser expertos en adaptaciones: poco a poco eliminamos ciertos movimientos y actividades, nos decimos a nosotros mismos: «Ya no soy tan joven como antes». Así, muchos disfrutan del movimiento principalmente como espectadores, viendo a otros por televisión o concurriendo a un estadio.

La verdad es que la mayoría de nosotros hemos perdido el entusiasmo por la conducta infantil... y gran parte del vigor y de la flexibilidad corporal relacionados con ella. Y no nos entusiasma demasiado incorporarnos a una clase de gimnasia o seguir una rutina especial cada día con el objeto de recuperarla, lo cual no es sorprendente. El ejercicio, tal como lo conocemos hoy, es una actividad monótona; después de unas semanas o unos meses, por lo general encontramos muy buenas razones para dejar de hacerlo.

Por suerte, es posible recuperar toda la variedad de movimientos corporales sin realizar ejercicios especiales; incluso pueden lograrlo quienes se indignan ante la mera idea de un esfuerzo excesivo.

Sin embargo, antes de comenzar, resultará útil comprender que para funcionar de forma armoniosa, el cuerpo precisa la estimulación de dos clases de movimientos claramente diferentes: resistencia y estiramiento.

Resistencia y estiramiento

Los movimientos de resistencia son necesarios para desarrollar el vigor, incrementar la entrada de oxígeno y la capacidad para utilizarlo. Estos movimientos, como caminar, correr, pasear en bicicleta y nadar largas distancias, fortalecen el corazón y el aparato respiratorio. Se tratan en la segunda parte de este capítulo.

Los movimientos de estiramiento son imprescindibles para mantener el cuerpo flexible y ágil, para que sea capaz de inclinarse, contorsionarse, acuclillarse y moverse con facilidad. Previenen la rigidez y el malestar muscular. Ayudan a mantener la columna vertebral flexible y saludable. Son los desperezamientos juguetones de los niños pequeños y los movimientos elásticos de quienes realizan un trabajo manual simple que requiere una gran variedad de posturas corporales.

Aunque hay un gran número de buenas técnicas de estiramiento[1], según mi experiencia a través de los años el mejor programa es aquel simple, divertido y que ocupa muy poco tiempo. El que se sugiere aquí es precisamente así: entretenido, sólo requiere seis minutos por día y es tan sencillo que un bebé puede hacerlo –lo cual no es sorprendente, ya que se trata de movimientos naturales que los bebés y los niños ejecutan todos los días–.

MOVIMIENTOS NATURALES DE ESTIRAMIENTO

1. Bostezar

Se trata de un estiramiento moderado al que apelaba un famoso mimo como ejercicio preparatorio antes de las funciones. Lo he prescrito para mí y mis pacientes durante muchos años, para despabilarse por la mañana, desentumecerse mientras uno está sentado detrás de un escritorio o sólo para desperezarse y relajarse durante el

1. Para un programa completo de movimientos de estiramiento, véase «Flexibilidad general», apéndice B, página 204.

día o antes de ir a la cama. Si lo deseas, inténtalo ahora mismo: puede ser un grato respiro después de esta lectura sedentaria.

Puede hacerse de pie, sentado o incluso tendido en la cama.

Imagina un bostezo. Abre la boca todo lo que puedas y extiende los brazos hacia arriba y lejos del cuerpo. Mueve la boca como si en realidad estuvieses a punto de bostezar. Extiende los músculos de la mandíbula. Mientras lo haces, afloja los dedos y sepáralos tanto como te sea posible. Si estás de pie, ponte de puntillas.

Continúa haciéndolo, abre la boca para bostezar y estira los brazos. Pronto tus bostezos serán mejores y más grandes, y comenzarán de forma espontánea, por impulso propio.

✻Esencialmente, un bostezo es un estiramiento interno de los pulmones, acompañado por una extensión de la mandíbula, la garganta y todos los músculos del rostro. Este estiramiento espontáneo alivia la tensión en los ojos, la frente, las mejillas y los labios. Como resultado, se mitiga la tensión mental y nos sentimos más relajados, algo muy importante, ya que la tensión causa entumecimiento, dolor y deterioro motor.

El bostezo puede muy bien ser el más natural de todos los ejercicios. Nunca debería reprimirse el impulso de bostezar. Al contrario, debería estimularse y practicarse a menudo, estirando los miembros al mismo tiempo. Cuando bostezamos, se extrae la sangre inactiva de los tejidos y se reemplaza por sangre pura que resulta de la extensión interna de los pulmones.

El bostezo estimula, vigoriza y despabila. Cuando bostezamos, en realidad realizamos un estiramiento corporal completo y al mismo tiempo tomamos más oxígeno. Como pronto veremos, este oxígeno produce energía celular. En suma, el bostezo nos hace sentir mejor, más flexibles y vigorosos.

2. La mariposa

1. Ponte de pie y adopta una buena postura. Cruza las manos detrás del cuello entrelazando los dedos.
2. Inhala por la nariz lentamente mientras mueves los codos hacia atrás lo más lejos posible, como las alas de una mariposa que se abren al sol matinal.
3. Ahora inclínate hacia delante y de forma simultánea exhala por la nariz, inclina los codos y acerca el mentón al pecho. Eres una mariposa con las alas plegadas.
4. Comienza a inhalar nuevamente mientras abres los codos y los mueves hacia atrás, hasta que tus alas de mariposa estén bien desplegadas.
5. Repite doce veces, respira por la nariz de forma pausada, expande y contrae el pecho con cada inhalación y exhalación.

Inténtalo con los ojos cerrados. Pronto te moverás con suavidad y facilidad, batiendo las alas al ritmo de tu corazón. Es un modo estupendo de comenzar el día o de revitalizarse cuando se necesita una nueva carga de energía. Lleva sangre pura al corazón y a los pulmones, desentumece después del sueño, renueva a nivel emocional y estimula mentes y cuerpos cansados.

3. Balanceo y giro

1. Tiéndete de espaldas sobre una colchoneta cómoda. Dirige las rodillas al pecho y balancéate hacia delan-

te y hacia atrás. Respira por la nariz. Repite de diez a doce veces.

2. Con las rodillas cerca del pecho, comienza a girar de un lado a otro. Aprovecha el impulso como ayuda para separarte de la colchoneta y luego regresar hacia el lado contrario. Repite de diez a doce veces.
3. Para obtener mejores resultados, haz el balanceo y giro dos veces por día.

Nota: ¡Muchas personas que practican este simple estiramiento se entusiasman tanto que comienzan a dar volteretas hacia delante e incluso hacia atrás!

Eso es todo. Los Tres Puntos Mágicos. Dos veces al día ocupan sólo cinco o seis minutos.

La observación y la imitación facilitan mucho el aprendizaje de algo nuevo. La observación aumenta el conocimiento de lo que sucede a nuestro alrededor: vemos qué hacen las personas mayores y aprendemos de su suerte y de su infortunio. La imitación es la forma en que por último aprendemos; elegimos buenos modelos y los copiamos, aprendemos pronto y de modo cabal de los mejores maestros.

Por ejemplo, la observación de los movimientos de los animales, de los niños y de otras personas es una buena manera de aprender más sobre el movimiento natural y armonioso. Contempla un gato en reposo, cuando sube las escaleras, duerme, acecha, come y descansa. En cada posición usa todo su cuerpo con dinamismo: hay una redistribución constante del peso y de la energía.

Fíjate de qué manera otras personas emplean y mueven sus cuerpos. Mira a un chico mientras respira, come, trepa y está sentado. Observa cómo diferentes cuerpos ejecutan movimientos simples y complejos: levantan, arrastran y golpean cosas, y se relajan. Conviértete en un observador y en un estudioso del movimiento.

Obsérvate a ti mismo. Toma conciencia de cómo utilizas tu propio cuerpo. ¿Favoreces un lado con la exclusión del otro? ¿Esto contribuye a una mala postura y a un desequilibrio muscular? ¿Responde tu cuerpo? ¿Te ayuda con las tareas diarias sin quejarse? Los espejos y los amigos pueden aportar información útil. Toma conciencia de cómo responde tu cuerpo cuando hablas, caminas, levantas una caja o lavas los platos, te sientes cansado o perturbado. ❊Todo movimiento puede considerarse ejercicio: desde hacer flexiones hasta masticar un trozo de pan.

Al margen del tipo de actividad o juego que elijamos –ya sea caminar descalzo sobre una alfombra o en el bosque, regar el jardín, practicar lucha libre, bostezar o lavar la ropa–, ha de ser divertido y ha de brindarnos placer y satisfacción. Ésta no es sólo física, ya que a medida que el cuerpo se torna más elástico, juguetón y relajado, la mente también experimenta este cambio.

Así como tu madre te ve jugar
alrededor de los árboles del jardín,
también tú puedes ver, si observas
a través de las ventanas de este libro,
a otro niño, lejos, muy lejos,
que juega en otro jardín.
Pero no se te ocurra siquiera pensar
que si golpeas la ventana, podrás llamar
a ese niño: él no te oirá. Está ocupado
y absorto en su juego, está empeñado
en divertirse.

Él no oye; no mirará,
tampoco te inducirá a salir de este libro,

ya que hace mucho tiempo, la verdad ante todo,
creció y partió,
y no es sino aire
que pasea por algún jardín.

Robert Louis Stevenson
A cualquier lector

Pasemos a considerar la segunda forma de actividad, los movimientos de resistencia, y reencontrémonos con una antigua amiga que merece nuestra confianza: la caminata.

¿Por qué una caminata?

El problema básico que enfrenta todo organismo terrestre es cómo llevar oxígeno del modo más eficiente desde el medio ambiente a las células vivientes, y al mismo tiempo expeler todo el anhídrido carbónico que sea posible. Esta técnica se denomina respiración. Todos la conocemos. Está más allá del poder de la voluntad y se desarrolla automáticamente mientras exista vida. Estemos dormidos u ocupados en el trabajo, la respiración continúa: la inspiración y la espiración que responden a la necesidad de oxígeno de nuestro cuerpo.

Este oxígeno, que comprende aproximadamente el veintiuno por ciento del aire que respiramos, es el combustible básico que necesitamos para los procesos de la vida. Por supuesto, existen otros combustibles, como el agua y los alimentos sólidos, pero el oxígeno es singular porque inicia la combustión que produce energía. Ésta deriva de los miles de millones de células que forman el organismo humano, células que constantemente mueren y son reemplazadas. Estas células que producen energía dependen totalmente de la habilidad del organismo para suministrarles oxígeno. Así, vemos que el oxígeno es el centro del proceso de la vida.

Sin embargo, a pesar de que el oxígeno está en el aire que nos rodea, debe obtenerse mediante la aplicación de un esfuezo, ya que sin éste no puede producirse energía. Tal esfuerzo debe ser continuo porque el aire en los pulmones se agota constantemente. Una persona de talla media incorpora de seis a diez litros de aire por minuto, en doce o veinte respiraciones. Ésta es la entrada de aire del cuerpo en reposo, durante la respiración normal. Si caminamos con lentitud, la entrada de aire aumenta a quince litros aproximadamente. Cuando corremos haciendo piruetas o caminamos con vigor, el ingreso de oxígeno asciende a cuarenta litros de aire o más por minuto. Esto significa que el oxígeno que se entrega al cuerpo durante el esfuerzo, equivale a seis o siete veces del que se entrega cuando está en reposo.

Litros de aire por minuto

En reposo	6 a 10
Andar lento	15
Andar vigoroso	40 o más

¿Por qué oxígeno?

La respiración normal del reposo no puede producir el oxígeno que se necesita para formar células saludables y desarrollar energía para una vida vigorosa: una caminata lenta o períodos breves de esfuerzo tampoco logran suministrarlo. Estas actividades no proporcionan suficiente oxígeno al cuerpo. Además, nuestra existencia sedentaria ha hecho que la adquisición de mayor cantidad de oxígeno sea más importante. Los excesos en las comidas y la falta de ejercicio han engendrado organismos más grandes y pesados. Éstos tienen más células, mayor masa, y por lo tanto requieren más oxígeno para sobrevivir. Al enviar sólo pequeñas cantidades de oxígeno a una enorme masa corporal inactiva, el peligro de un deterioro celular aumenta de modo considerable cuando las células llegan al punto de inanición por falta de oxígeno. Lo que en general denominamos «ataque cardíaco» en realidad ocurre cuando una parte determinada del músculo cardíaco, por disminución del suministro de sangre, se ve privada de oxígeno y en consecuencia no es capaz de funcionar.

Asimismo, cuando el oxígeno es inadecuado en otras áreas vitales, pueden surgir trastornos muy severos que amenazan la vida.

La energía necesaria para aportar esta mayor cantidad de oxígeno debe provenir del esfuerzo. Esta energía se produce por medio de los movimientos más naturales y básicos del cuerpo: caminatas vigorosas, trabajo manual arduo con herramientas, como cortar leña o cavar, y juegos infantiles. También se genera cuando corremos lentamente, nadamos, paseamos en bicicleta y saltamos a la comba.

Existen otros dos factores importantes que desempeñan un papel decisivo en la oxigenación apropiada del cuerpo: primero, la actividad vigorosa, ya sea caminar o cavar en el jardín, debe durar por lo menos veinte minutos cada vez; y segundo, debe realizarse como mínimo tres veces por semana, día por medio aproximadamente.

La relación entre el oxígeno, la energía y la resistencia guarda un equilibrio perfecto en los niños durante el juego. Ellos comprenden de manera innata la necesidad de la resistencia y de la entrada de mayor cantidad de oxígeno. Desde los primeros años comienzan este entrenamiento –corren, saltan, van en bicicleta– y así recorren kilómetros y kilómetros todos los días. Sin leer ninguna investigación al respecto, automáticamente llenan sus pequeños cuerpos con aire y, al hacerlo, forman células nuevas y vigorosas, órganos fuertes y resistentes, y cuerpos y mentes que bullen con el elixir de la vida.

En el «escondite» y otros juegos, los niños suelen correr cinco kilómetros por hora, con doscientas pausas aproximadamente. Durante el juego, un chiquillo puede recorrer con facilidad dieciséis kilómetros en un día, con cientos de pausas. *Éste es el clásico entrenamiento de los corredores de larga distancia y de las personas no partidarias de la tecnología, que viven sin coche o electricidad. Una criatura saludable es capaz de correr y jugar todo el día porque constantemente obtiene oxígeno, el combustible necesario para el máximo rendimiento.

Por supuesto, casi nadie está preparado para vivir así; por lo tanto debemos desarrollar la resistencia a través de un entrenamiento y de actividades apropiadas para adultos. La historia del siguiente caso ilustra lo que deseo expresar.

En 1982 una mujer acudió a nuestra clínica para que le aconsejáramos sobre nutrición. La señora Z, esbelta, bastante pálida, de treinta y nueve años, trabajaba como cartero. En la consulta inicial, nos dijo que durante los últimos ocho años había tomado suplementos nutritivos, pero el gasto llegó a ser una carga económica para su familia. Además, a menudo se sentía cansada y agotada después de trabajar apenas algunas horas. Nos mostró una lista de treinta y nueve vitaminas y suplementos, algunos de los cuales tomaba dos veces al día. «Asciende a setenta y ocho dólares por mes –dijo–, pero supongo que lo vale. Si dejo de tomarlas, me siento aún peor. Pero esto crea dificultades entre mi marido y yo. Él dice que son sólo tonterías. ¡Come exactamente lo mismo que yo, no ingiere suplementos ni vitaminas y *nunca* está enfermo!»

Entregamos a la señora Z una tabla donde debía anotar todo lo que comiera y bebiera durante seis días, así como toda actividad física que realizara. Completaría la tabla y la traería a los diez días para una evaluación.

En la segunda visita supimos que su esposo también era cartero y cumplía su itinerario en una zona rural, donde la correspondencia se distribuía a pie. Por otra parte, la señora Z trabajaba en la oficina de correos central y hacía el reparto en un pequeño jeep, a través de la ventanilla del vehículo. La parte de actividades de su tabla indicaba que era una persona muy sedentaria.

Su tabla de alimentos nos demostró que seguía una dieta relativamente equilibrada. Sin embargo, los suplementos de vitaminas y minerales no eran suficientes para que se mantuviera saludable. Y se lo dijimos.

–¿Es decir que necesito *más* vitaminas? –preguntó con inquietud.

–Sí, por supuesto –le dijimos–. Existe deficiencia de una vitamina. Tiene todos los minerales y vitaminas que son necesarios, con una sola excepción: la vitamina O.

–¿Vitamina O? Nunca he oído mencionarla.

Le explicamos a la señora Z que la vitamina O no podía obtenerse de los alimentos –provinieran de la tienda o de la propia huerta–. Tampoco venía preparada en forma de píldoras. Sólo podía adquirirla a través de caminatas diarias, como hacía su marido al distribuir la correspondencia.

La señora Z se mostró escéptica: había acudido a nosotros para que la aconsejáramos sobre nutrición.

–¿Qué tiene que ver el caminar con la nutrición? –preguntó.

–Es simple. Cuando camina incorpora oxígeno, al que denominamos vitamina O. Probablemente ésa sea la diferencia principal entre la dieta de su marido y la suya. Él incorpora una dosis abundante de vitamina O todos los días porque anda mucho. Siga el programa de caminatas que prescribimos, tome vitamina O en dosis diarias y puede comenzar a reducir los suplementos que ingiere. Ahorrará dinero.

A pesar de que la señora Z nos confió que tenía sus dudas, estuvo de acuerdo en probar el programa, con la esperanza de que éste disminuyera sus deudas y tal vez aportara más armonía en la familia. Le indicamos que diera un paseo vigoroso de quince minutos todas las mañanas. Asimismo le dijimos que cuando terminara cada frasco de vitaminas o suplementos no debía volver a llenarlos.

Cuatro semanas después vimos a la señora Z otra vez. Había estado siguiendo el programa de caminatas según lo indicado y estaba haciendo buenos progresos. Nos informó que su esposo se mostraba muy satisfecho porque se estaban reduciendo las cuentas mensuales. La tensión entre ellos también era menor. Le aconsejamos que incrementara gradualmente la duración de las caminatas, hasta que pudiese andar durante media hora, a ritmo rápido, sin detenerse.

La señora Z expresó que eso no constituía problema alguno.

–Quizá ya no necesite un programa especial –dijo–. Solicité un traslado a la misma oficina rural de correos donde trabaja mi marido. ¡Creo que caminaré dos o tres horas diarias, y me pagarán por eso!

Más entrado el año, recibimos una carta de la señora Z. Nos dijo cuánto disfrutaba en su nuevo empleo y que se sentía más vivaz y vigorosa de lo que se había sentido en años. Su relación con el marido había mejorado muchísimo. Asimismo mencionó que muchos de sus viejos amigos le habían preguntado cómo de repente demostraba tanto entusiasmo y vitalidad. Les respondió que se debía a una nueva droga maravillosa que estaba tomando: la «vitamina O».

Los ejercicios respiratorios, los períodos breves de actividad enérgica e incluso la mayoría de los deportes no proporcionan suficiente oxígeno. Algunos ejercicios, como el levantamiento de pesas y las carreras cortas de velocidad, en realidad producen deudas de oxígeno, al utilizarlo a un ritmo más rápido del que el organismo puede suministrarlo. Jugar al golf o a los bolos e ir de vez en cuando a la playa a nadar, no constituyen movimientos que desarrollen una auténtica resistencia y llenen el cuerpo con oxígeno puro. Sólo al aumentar la cantidad de oxígeno que incorporamos, durante períodos sostenidos de tiempo y con cierta regularidad, podremos proveer el ingrediente mágico imprescindible para estimular una vida activa[1].

Caminar es económico. Basta con aportar a la extraordinaria máquina humana una moderada cantidad de combustible apropiado –alimentos, agua, aire y amor– y correrá durante horas, en general sin quejarse.

Además, caminar es seguro y digno de confianza. Si damos por sentado que nuestro estado de salud es bastante bueno –y miramos en ambas direcciones antes de cruzar la calle– podremos caminar cientos o miles de

1. En el apéndice B, página 211, figura un programa gradual de caminatas vigorosas, similar al que siguió la señora Z.

kilómetros sin reparar o reemplazar nuestras piezas. De hecho, andar regular y vigorosamente fortifica nuestra maquinaria: lubrica, afina y reacondiciona nuestras partes continuamente, y así las mantiene en buen funcionamiento.

Sin duda, caminar es uno de los mayores placeres de la vida. Desde nuestros primeros pasos inseguros hasta los últimos, nos movemos a través de la vida, tanto en sentido literal como figurado, colocando un pie delante del otro. Y aunque tropezamos, nos tambaleamos y en ocasiones caemos, siempre nos incorporamos y damos otro paso. A pesar de la conveniencia de otros modos de traslado, el cuerpo humano sigue siendo la máquina mejor construida para desplazarse a través de la tierra. Incluso después de viajar de otra manera –a caballo, en tren, barco, globo, avión, coche o sobre los hombros de otro– aún sentimos el júbilo único e incomparable de tocar tierra. Nuestros pies, no importa cuán cansados estén, siempre se alegran cuando comienzan a transportarnos otra vez durante nuestros viajes a través de la vida.

Comienza a caminar en cualquier momento. Comienza hoy. Ahora mismo. Después de leer este capítulo, deja el libro y ve a dar un paseo. Visita a un amigo o encamínate a una tienda. Concurre a la plaza más cercana y disfruta de los pájaros y los niños pequeños, que también gozan del movimiento. Camina erguido. Saca el pecho y da pasos largos y enérgicos; guía con la cadera. Contén el abdomen. Si lo deseas, silba o canta mientras avanzas. Diviértete. Olvida el tiempo que te ocupa. Olvídate de tu trabajo, tus cuentas y tus problemas. Deténte de tanto en tanto para oler una flor o acariciar a un perro. Cuando estés cansado, disminuye la velocidad o haz un alto y descansa.

Crees saberlo todo acerca de caminar, ¿no es así, ahora? Pues bien, ¿cómo supones que tus miembros inferiores se sujetan a tu cuerpo? Dos receptáculos con ventosa («cotiloideas», cavidades que actúan como ventosas) los absorben y los sostienen allí mientras vives e incluso después. De todos modos, piensas que los mueves hacia atrás y hacia delante a un ritmo que tu voluntad determina, ¿no es así? Por el contrario, oscilan como cualquier otro péndulo, a un ritmo preciso, determinado por su longitud. Puedes alterarlo por medio del poder muscular, así como puedes sujetar el péndulo de un reloj y hacer que se mueva a un ritmo más rápido o más lento; pero su marcha normal está regulada por el mismo mecanismo de los movimientos del sistema solar.

•

No niego la atracción de caminar. He aburrido por completo a esta antigua ciudad durante mis recorridos diarios, hasta conocerla como un viejo habitante de Cheshire conoce su queso. Pues fui yo quien, durante estas caminatas, descubrió esa singular avenida denominada Myrtle Street, que se extiende en una larga línea desde el este de la represa hacia un risco escarpado y toscamente empedrado, que domina la severa morada de la Ciencia, y más allá hasta los lejanos cerros. Un paseo tan agradable por su sosiego, variado de modo tan alegre con resplandores en la pendiente norte de la concurrida Cambridge Street, con su río de hierro del ferrocarril a caballo y barcazas rodantes que se deslizan sobre él hacia delante y hacia atrás; su extremo oeste concluye, de manera encantadora, en plazoletas y pasillos soleados, donde sé que la paz, la belleza, la virtud y la serena ancianidad han de ser inquilinos permanentes. Atractivas para todos aquellos que desean dar su paseo diario, según las palabras del Dr. Watts

–«tanto ignorantes como ignorados»–, sólo un sentido del deber pudo haberme incitado a revelar el secreto de su existencia. Por lo tanto, admito que caminar es un invento increíblemente magnífico, del cual las personas mayores deberían sacar un provecho constante...

•

El placer del ejercicio se debe, en primer lugar, a una impresión puramente física y, en segundo lugar, a una sensación de poder en acción. El primer origen de placer varía, por supuesto, según nuestra condición y el estado de las circunstancias que nos rodean. El segundo, según la cantidad y la clase de poder, y el alcance y la clase de acción. En todas las formas del ejercicio activo hay tres poderes en acción simultánea: la voluntad, los músculos y el intelecto. Cada uno de éstos predomina en distintos tipos de ejercicio. Al caminar, la voluntad y los músculos están tan acostumbrados a trabajar juntos y cumplir su tarea con tan poco gasto de fuerza que, en comparación, el intelecto no actúa. El placer mental de caminar, en sí mismo, está en la sensación de poder sobre toda nuestra maquinaria móvil.

Oliver Wendell Holmes,
The Autocrat of the Breakfast Table

Capítulo 2

ℜ: En el séptimo día

El *sabbat*, en otros tiempos una parte integral de la vida cotidiana, se ideó para garantizar tanto a la tierra como a sus trabajadores una regla de reposo; los campos se dejaban en barbecho para que recobraran su capa cultivable; les daban a los árboles un año «sabático», durante el cual dejaban que los frutos cayeran y se pudrieran en el suelo: así se renovaba la tierra debajo de éstos; se otorgaba a los labriegos un día de reposo, libre de las preocupaciones del trabajo y las ganancias pecuniarias.

La idea del *sabbat* estaba bien concebida. En una época en que casi todo se hacía a mano, se comprendía y se valoraba la importancia del descanso, ya que la calidad del trabajo dependía de la calidad del descanso que lo precedía y lo seguía.

Por supuesto hoy, con la proliferación del trabajo mecanizado, las exigencias al cuerpo humano han variado de modo considerable. Es más probable que el cuerpo que hace tiempo laboraba en los campos, se ocupe de operar, reparar y mantener la maquinaria que trabaja la tierra, o de calcular pérdidas y ganancias que resultan de tales tareas. El cuerpo que antes cosechaba los frutos de los árboles, probablemente realiza tareas intelectuales por las que percibe dinero, el cual puede utilizar para adquirir estos frutos. En suma, el trabajo se transforma cada vez más en un ejercicio mental; el intrincado entrelazado de las líneas que forman nuestro sistema nervioso y transportan la corriente de la vida por nuestros cuerpos, contiene cada vez más números, cálculos, hechos e ideas. Es la mente la que transporta y maneja las herramientas. Es la mente la que pesa y mide, la que trabaja.

Como hemos visto en el capítulo 1, el organismo humano necesita y exige una proporción considerable de actividad física. Pero, al mismo tiempo, necesita y requiere una proporción considerable de descanso. Es una ley de equilibrio y ecuanimidad: por cada embestida hay una frenada; por cada esfuerzo debe existir un suspiro correspondiente. Así como la abeja melífera interrumpe su labor por la tarde y echa una breve siesta en la colmena, también la abeja melífera humana debe hacer una pausa cada tanto para rejuvenecerse y recuperarse. ¡Incluso para regocijarse!

Es lamentable que esta necesidad biológica básica de reposo rara vez se cumpla. En lugar de aminorar la marcha, parece que vamos a mayor velocidad. En lugar de detenernos para reflexionar, parece que siempre aceleramos, obligamos a nuestros cuerpos y máquinas a una potencia y un rendimiento aún mayores. Nuestro apetito de velocidad e información parece insaciable; siempre se nos estimula a ingerir toda la vida que podamos en el menor tiempo posible. En resumen, estamos tan ocupados reuniendo «miel humana», que rara vez tenemos tiempo para descansar de un modo adecuado, para gozar realmente de los frutos de un *sabbat* intelectual y físico.

Como resultado, poco a poco nuestro sistema nervioso se ve exigido, se carga, estimula y fuerza demasiado. Después de meses y años de actividad intelectual incesante, a menudo combinada con menor actividad física, el deterioro comienza a manifestarse: nos sentimos cansados, el cuello está tieso, debemos esforzarnos para mover el intestino, nos irritamos con facilidad, nos preocupamos cada vez más. Cuando sí nos damos tiempo para el reposo, éste suele ser ineficaz e interrumpido: suena el teléfono o alguien nos pide que hagamos algo. Muchas veces nuestra mente está tan llena de preocupaciones y problemas, que aunque hagamos un alto no somos capaces de tomarnos un auténtico descanso; nuestro cuerpo se ha detenido, pero nuestra mente corre tan rápido como de costumbre. Comenzamos a envejecer mientras todavía somos jóvenes, no debido al desgaste paulatino y natural de nuestras alas, sino al deterioro acelerado de nuestros nervios.

No siempre ha sido así. De niños, sabíamos cómo relajarnos y nos tomábamos tiempo para hacerlo. Podíamos tendernos en el centro de una sala colmada de gente ruidosa y dormirnos al instante.

Pero ya adultos, la relajación o la idea de un *sabbat* para el cuerpo y la mente se ha transformado en un lujo, que muchos sentimos que no podemos darnos. Parece que nunca hay suficientes horas en el día, y si nos escabullimos y tomamos una siesta cuando hay tareas por realizar, nos sentimos culpables. ¡Además, ningún patrón nos tolerará mucho tiempo si nos quitamos los zapatos y cerramos los ojos a media tarde de un día agitado!

En un intento por hacer algo al respecto, tratamos de relajarnos los fines de semana o después del trabajo. Leemos, miramos televisión, paseamos en coche por el campo, o jugamos al golf o al tenis. Pero estas actividades, por más que constituyan un grato alivio a nuestras rutinas, demandan atención y concentración, y son fatigosas en sí mismas.

La lectura, la televisión y la conducción, por ejemplo, son actividades sedentarias. Exigen demasiado a nuestros ojos, nos mantienen relativamente inmóviles y requieren una atención considerable. Y algunos deportes, como el golf y el tenis, aunque beneficiosos porque incluyen cierto movimiento, son competitivos y por lo general demandan una concentración intensa. Asimismo, a menudo debemos desplegar mucha energía sólo para que esta relajación sea posible: nos dirigimos hacia el lugar de relajación a toda prisa y ganamos más dinero para poder relajarnos.

Relajarse y relajación son términos que suelen confundirse. Relajarse es la sensación que experimentamos mientras *hacemos* algo. Leer, mirar televisión, conducir en el campo, y jugar al golf o al tenis logran que nos relajemos: nos hacen sentir mejor, nos brindan entretenimiento, por lo general son un cambio agradable con respecto a nuestras actividades usuales. Pero no pueden compararse con el descanso. Después de estas actividades no nos sentimos rejuvenecidos como después de un *sabbat* o de una tranquila siesta.

*La relajación, por otra parte, es la sensación que experimentamos mientras estamos inactivos. Es un estado de descanso, un tiempo durante el cual *no* hacemos nada. Después de un período de auténtica relajación, nos sentimos reanimados y vigorizados, como después de echar una placentera siesta.

Con el fin de comprender mejor la distinción entre relajarse y relajación, consideremos nuevamente el delicado equilibrio que existe en la vida.

Escucha, por un momento, los latidos de tu corazón. En el pulso oirás la contracción y relajación alternativas del corazón mientras bombea, descansa, bombea, descansa, bombea, descansa.

De forma similar, el ritmo musical y el flujo y reflujo de las olas en el mar contienen la misma alternancia de contracción y relajación: el ritmo acelerado y desacelerado que marcan tus pies al son de la música, y las olas en la playa antes y después de la calma.

Siéntate en una mesa. Pon la mano izquierda debajo de ésta, la palma hacia arriba, y empuja hacia arriba contra la mesa. Mientras lo haces, usa la mano derecha para sentir los músculos de la parte superior del brazo: el músculo situado arriba (el bíceps) está tenso y contraído, en tanto el músculo ubicado debajo (el tríceps) está flojo y relajado. Ahora coloca la palma izquierda sobre la mesa y empuja contra ésta. Nota cómo el tríceps (el músculo situado debajo) es el que ahora se tensa estrechamente y el bíceps está flojo y relajado.

*Éste es el modo en que trabaja el cuerpo. Cuando un esfuerzo exige a ciertos músculos que se tensen, otros se relajan. Por lo tanto, cada esfuerzo está equilibrado con la relajación.

Esta armonía de esfuerzo y relajación se halla en todos los aspectos de la vida. Las plantas se dilatan y contraen, pasan por períodos de crecimiento intenso, luego se asientan en períodos prácticamente inactivos. Los animales reposan tranquilamente, su respiración es lenta y controlada. De repente realizan un esfuerzo intenso y localizado: saltan, brincan y cazan. Casi a igual velocidad están otra vez en reposo total. Los niños corren, saltan, brincan y gatean durante horas y horas. Luego, como por arte de magia, están silenciosos, todos los músculos y sensaciones relajados durante el sueño y la relajación total.

Considera tu propia vida. Si eres como la mayoría de las personas, eres eficaz en cuanto a esfuerzo se refiere. Es probable que desde los primeros años te hayan motivado para «hacer». Pero, ¿hasta qué punto eres eficaz con respecto a «no hacer»? ¿Eres capaz de no hacer nada? En caso afirmativo, ¿durante cuánto tiempo?

¿Puedes, en este preciso momento, cerrar los ojos y aislarte de todo durante dos minutos? Inténtalo. En los próximos dos minutos no hagas nada. No leas, no te preocupes, ni siquiera muevas la punta del pie.

¿Lo has hecho? ¿Puedes? De no ser así, no estás solo. Pocos de nosotros sabemos cómo relajarnos por completo. No es algo que se enseñe en las escuelas, y a menos que seamos particularmente sensibles al equilibrio del esfuerzo y la relajación, no es probable que practiquemos este simple arte. La relajación es importante. Alivia la tensión y nos renueva. Estimula la claridad mental y la receptividad. Brinda mayor flexibilidad, tanto al cuerpo como a la mente. Fomenta la creatividad. Hace posible que dominemos el cambio y manejemos cada situación a nuestro favor.

Una vez más, citemos un ejemplo de la experiencia personal. En una ocasión, durante un largo viaje en un autocar de Greyhound, llegué a mi destino ya avanzada la noche. Llevaba cinco o seis paquetes grandes y había planificado mentalmente el traslado a mi casa desde la terminal: un autobús urbano me llevaría casi hasta el umbral de la puerta.

Cuando llegué a la terminal, reclamé mis paquetes y salí para coger el autobús local. Después de esperar cerca de media hora y no ver señal alguna del autobús en cualquier dirección, pregunté a alguien y descubrí que los autobuses de la ciudad no circulaban los domingos.

Estaba cansado por el largo viaje, y esta noticia me deprimió y me irritó. El cuello y los hombros comenzaron a dolerme y percibí el principio de un dolor de cabeza. Sentí hostilidad hacia la empresa de transportes que no prestaba servicio los domingos.

Consideré y descarté varias opciones; por último llamé a un amigo, cuyo teléfono sonó sin cesar. Llamé a la empresa local de taxis y me informaron que el traslado costaría veinte dólares y que habría una demora de cuarenta y cinco minutos. Exhausto por la severa prueba del viaje y frustrado por mi impotencia para retornar al hogar, decidí dejar de lado mis esfuerzos por un tiempo y ver qué pasaría, si es que algo iba a pasar, sin que yo hiciera nada.

Dejé los paquetes en el suelo y me senté, cerré los ojos y exhalé un profundo suspiro. Durante los dos o tres minutos siguientes me aislé de todo: el tráfico, las luces de la calle, mi contratiempo y mi ira. Sentí que el ritmo de las pulsaciones disminuía. Los hombros empezaron a dejarse caer y a relajarse. Poco a poco la tensión de disipó de mi cuerpo.

En este estado de relajación vi la situación como una oportunidad más que como un obstáculo. Era como observar un vaso con agua hasta la mitad: podía verlo lleno hasta la mitad o vacío hasta la mitad. Al estar tenso y enojado, sólo podía ver la parte vacía. Ahora que estaba relajado y más despejado, podía ver que aún estaba lleno hasta la mitad. Surgieron posibilidades para modificar la situación según mi voluntad y conveniencia. De repente, la solución era simple, obvia y clara.

Me levanté de un salto, llevé el equipaje a la terminal y lo dejé en consigna. Sentí un gran alivio, salí del edificio y eché a andar balanceando los brazos y las piernas, haciendo lo que había echado de menos en el autobús durante todo el día: moverme. La noche era hermosa y vigorizante; renové mi amor por las estrellas, los sonidos nocturnos y mis propios pasos. Media hora más tarde estaba feliz en mi casa. Al día siguiente, mientras iba a casa de un amigo, me detuve en la terminal y retiré los paquetes.

La habilidad para relajarse y liberarse, para transformar situaciones difíciles en oportunidades, es un arte.

Y como cualquier otro arte, debemos aprenderlo. Así como aprendimos a leer, podemos aprender a no leer. Aprendimos a preocuparnos; podemos aprender a no preocuparnos. Aprendimos a tensar nuestros músculos; podemos aprender cómo aflojarlos. La relajación es el espacio vacío antes y después de «hacer». Es la nada que define y hace posible lo que hacemos. Es un modo de permanecer en una larga línea y agradecer que la oportunidad no se precipite.

En general, el aumento del ritmo tiende a incrementar el nivel de tensión, mientras que la disminución del ritmo de actividad baja el nivel de tensión. Si mascas chicle muy rápido, notarás que la mandíbula está tensa. Si lo haces con lentitud, los músculos de la mandíbula son capaces de relajarse otra vez. De forma análoga, podemos ver cómo responden nuestro cuerpo y nuestra mente a la velocidad, a través del aumento y la disminución del ritmo de las pulsaciones. Cuando tenemos prisa –por ejemplo, cuando conducimos rápido– el ritmo se eleva. Cuando estamos relajados, como después de una siesta, el ritmo disminuye.

Vemos así que la tensión, tanto física como emocional, está relacionada con el ritmo. En consecuencia, para aliviar la tensión, para dirigirnos a un lugar de mayor reposo, debemos reducir el ritmo. Esta disminución de la velocidad, de manera consciente y disciplinada, es el secreto para aprender el arte de la relajación.

El arte de la relajación –la disminución de la velocidad y la inactividad de manera consciente– debe aprenderse y practicarse como una disciplina. Requiere un compromiso, unos pocos minutos todos los días para brindarle toda nuestra atención y energía. Esto significa encontrar un momento en que podemos no hacer nada: sin coches, sin voces, sin televisión, sin lectura, sin preocupaciones. En suma, sin estimulación exterior ni interior.

«Esto es magnífico –dirás–, pero ¿cómo puedo aislarme de los niños, los coches, los teléfonos, el trabajo, la ropa para lavar, los amigos y todos mis problemas? ¡Hasta cuando duermo puedo oír el parloteo!»

La respuesta es que para aprender a relajarse, primero debemos reconocer la importancia de la relajación en nuestra vida. Sólo cuando la relajación se transforma en una prioridad –cuando somos capaces de admitir que necesitamos aprender a relajarnos– estamos listos para aprender a hacerlo. Una vez que se establezca la relajación como prioridad, se encontrará tiempo. Puede implicar que renunciemos a una pausa para el café, a un programa de televisión o incluso a quince minutos de sueño, pero hallaremos tiempo. Hemos de recordar, asimismo, que es precisamente esto –el tiempo y el ritmo– lo que en primer lugar crea la tensión. Al procurarnos tiempo, daremos un primer paso importante en el aprendizaje del arte de la relajación.

Por ejemplo, ¿cerraste los ojos dos minutos como sugerimos con anterioridad? Aún no es demasiado tarde. Todavía puedes intentarlo. Esta vez apoya la yema de los dedos sobre la muñeca para sentir el pulso. Cierra los ojos y cuenta aproximadamente ciento cincuenta latidos del corazón. Te llevará cerca de dos minutos. Si lo prefieres, pide a un amigo que te indique cuándo han pasado dos minutos. O limítate a mantener los ojos cerrados hasta que consideres que ha sido suficiente. En realidad, dos minutos no es mucho tiempo. Más tarde podrás leer, el libro no saldrá volando. Cierra los ojos. Relájate.

> ... Cuando el intolerable calor del mediodía nos obligó a buscar refugio, él (Kalinych) nos llevó a su colmenar en el corazón mismo del bosque. Kalinych nos abrió una pequeña cabaña, adornada con ramilletes de hierbas secas

perfumadas, e hizo que nos pusiéramos cómodos sobre el heno fresco mientras él colocó una especie de costal sobre su cabeza, tomó un cuchillo, una olla y una astilla ardiente, y se dirigió al colmenar a cortar algún panal para nosotros. Quitamos la miel caliente y transparente con agua de manantial, y nos quedamos dormidos con el zumbido monótono de las abejas y el susurro locuaz de las hojas.

Ivan Turguéniev,
A Sportsman's Sketches

*La cantidad de tiempo que en realidad dedicamos a la relajación no establece mucha diferencia. Lo que importa es lo bien que nos relajemos y lo bien que sepamos aplicar esta relajación al resto de nuestra vida.

Por ejemplo, algunas personas pasan mucho tiempo en este estado de relajación formal. Duermen, echan una siesta y meditan, en ocasiones varias horas al día. Pero el resto del tiempo, cuando no se relajan formalmente, tienen los nervios de punta. Están inquietos, irritables, imposibles de complacer y se alteran por nimiedades. El único momento en que están relajados es cuando se relajan oficialmente.

El objeto de la auténtica relajación es relajarse y permanecer así todo el tiempo, no sólo unos pocos minutos cada día. Debemos aprender y practicar, como cuando se conduce un automóvil o se toca el piano. Cuando comenzamos a aprender las escalas en el piano, por ejemplo, debemos repetir los ejercicios una y otra vez, hasta que nos resultan totalmente familiares. Después de un tiempo, podemos hacerlo con los ojos cerrados: sabemos con exactitud dónde se encuentra cada tecla negra y cada tecla blanca.

Lo mismo sucede durante la relajación. Al principio hemos de practicar todos los días. Debemos sentarnos y hacer un alto formalmente. Durante dos, quince minutos –el tiempo que nos lleve aprender–, cerraremos los ojos y nos disciplinaremos para no hacer nada.

A poco tiempo, en ocasiones en cuestión de meses, no hacer nada llega a ser más y más sencillo. Aprendemos a cerrar los ojos y aislarnos de todo rápidamente; comenzamos a lograr una relajación total, como lo hacíamos cuando éramos niños. Algunos incluso descubriremos otra vez el arte de quedarnos dormidos al instante, en cualquier lugar, en cualquier momento.

A la larga, practicaremos la relajación aunque no lo estemos haciendo formalmente. Utilizaremos la técnica de relajación en nuestra vida diaria; de manera inesperada, habrá oportunidades en todas partes. Se agota la batería del automóvil y sacamos provecho de ello como una oportunidad para dar un paseo largo y relajante hacia el lugar de trabajo. Suena el teléfono y decidimos no contestar. En su lugar, escuchamos su sonido, cual campana que dobla para nuestro placer. Por fin deja de sonar. No se pierde nada; quienquiera que haya llamado, podrá hacerlo más tarde.

Sobre esto trata la relajación auténtica: aprender a relajarse todo el tiempo, veinticuatro horas al día. Ya sea en una larga cola en la tienda de alimentos o mientras observamos los fragmentos de nuestra lámpara favorita, podemos ver la situación con calma y utilizarla a nuestro favor. En la tienda aprovechamos la oportunidad para cerrar los ojos unos momentos o para conocer a un nuevo amigo que también se encuentra en la cola. La lámpara rota nos brinda la oportunidad de adquirir otra, de practicar nuestras habilidades para los arreglos o de disfrutar la habitación tal cual está iluminada sin esta lámpara. Existe un infinito número de posibilidades.

1. Una siesta

Encuentra un lugar cómodo donde puedas echar una siesta sin que te interrumpan, aunque sólo sean tres o cuatro minutos. Quítate los zapatos y las gafas. Aflójate el cinturón. Bosteza unas cuantas veces (véase pág. 35). Ahora sigue estas instrucciones cuidadosamente:

Exhala por la boca e inspira por la nariz, siente la tensión a medida que drena y desaparece a través de la punta de los pies.

2. A la luz de las velas

Una noche por semana intenta utilizar velas en lugar de la luz eléctrica habitual. Prepara la cena, come, lava los platos, conversa y disponte para ir a dormir a la luz de las velas.

Este tipo de luz es sedante y relajante, un alivio para los ojos. Retarda y prolonga todo lo que hacemos. Puede enseñarnos a actuar e incluso a pensar con mayor cuidado y reflexión. Además es muy romántico.

Para un placer especial, emplea velas de cera de abeja. Su dorada luz calmante te confortará y acariciará. Su delicado aroma te saciará con el néctar y la serenidad de la colmena.

3. Una mecedora

Desde nuestro comienzo, en el seno materno, el ritmo del balanceo pausado ha estado profundamente arraigado en nuestra vida. A pesar de que para la mayoría de nosotros la cuna ha quedado pequeña, no hay razón por la que no sigamos disfrutando del ritmo relajante del balanceo pausado.

La mecedora nos ha sosegado a muchos en una u otra ocasión; puede hacerlo nuevamente. La próxima vez que estés cansado, que necesites relajarte o sólo quieras dormitar, siéntate en una mecedora. Cierra los ojos, da un suave impulso y deja que el movimiento te transporte corriente abajo del río de la relajación.

4. Un dulce *sabbat*

Designa una parte de la semana como tu propio *sabbat*. Si no dispones de un día completo, selecciona una tarde, o por lo menos algunas horas. En lo posible, ha de ser a la misma hora todas las semanas; de este modo, podrás alegrarte de antemano.

Durante tu *sabbat*, no hagas planes ni te dediques a ninguna de tus tareas habituales. Desconecta el teléfono. Guarda proyectos y papeles. Apaga la radio y el televisor. No cocines, no vayas de compras, no leas, no gastes dinero ni trabajes como sueles hacerlo.

Al principio no resultará fácil. Casi todos estamos acostumbrados a la actividad, y cuando no la hay nos ponemos nerviosos y ansiosos, a la espera de algún acontecimiento. Con seguridad habrá interrupciones: visitas imprevistas, llegada de correspondencia, el pensamiento súbito de algo importante que olvidaste hacer. Haz caso omiso de estas distracciones y tentaciones; permite que pasen rápidamente a través de tu mente. Haz en cambio cosas simples y divertidas que por lo general no harías; juega con cubos, sal a caminar, tiéndete de espalda y contempla las nubes o el techo, cuenta una historia, duerme una siesta. Nota cuánto puedes divertirte sin la estimulación de tus actividades habituales.

Tu cuerpo y tu mente darán una cálida bienvenida a este *sabbat*, dure una hora o un día entero. Semanas más tarde, comenzarás a saborear el momento, y la ilusión de su llegada hará que la actividad normal de la semana sea más agradable y tolerable. *El *sabbat* en sí mismo puede traer algunas sorpresas. Como muchas personas, puedes descubrir que en realidad obtienes más resultados sin hacer nada; libres de las preocupaciones y presiones habituales, las corrientes creativas de la mente fluyen en toda clase de formas fascinantes e inesperadas.

Todo este verano yo había trabajado con una especie de contento animal. Ahora había llegado el otoño, un otoño tardío, con frescura en el aire vespertino. Araba en mi campo más alto –no mío en verdad en aquella época– y era una tarde templada, la tierra se tornaba húmeda y fragante.

Había estado caminando a lo largo de los surcos todo el día. Como si mi vida dependiera de ello, observé las piedras o raíces ocasionales en mi campo, verifiqué el ajuste de los arneses, conduje con especial cuidado para proteger a los caballos. En mi regocijo, ocupaba mi mente con el descubrimiento de detalles tan sencillos sobre el trabajo que tenía entre manos. Hasta ese momento, las cosas más importantes del mundo parecían ser un surco derecho y ángulos bien marcados; para mí, en aquellos tiempos, un importante logro.

No sé describirlo muy bien, excepto a través de la analogía de una puerta que se abre en algún lugar dentro de la casa de mi estado consciente. Había estado en la oscuridad: sentí que emergía. Había caído: sentí que me incorporaba de un salto, con una impresión repentina y maravillosa de libertad y júbilo.

Me detuve allí, en mi campo, y alcé la vista. Y fue como si nunca antes lo hubiese hecho. Descubrí otro mundo. Éste estaba allí hacía mucho tiempo, pero yo nunca lo había visto o sentido. Todos los descubrimientos se realizan de ese modo: un hombre halla algo nuevo, no en la naturaleza sino en sí mismo.

Fue como si, interesado en el arado, los arneses y los surcos, nunca hubiera sabido que el mundo tenía altura, color o sonidos dulces, o que existía sentimiento en la ladera de un cerro. Me olvidé de mí mismo y del sitio donde me encontraba. Permanecí inmóvil un largo rato. Mi sensación dominante, si soy capaz de expresarla, era de afecto, de una cordialidad nueva y extraña, como si estos cerros, este campo a mi alrededor y los bosques, de repente me hubieran hablado y acariciado. Fue igual que si me hubiesen aceptado como miembro, como si hubiesen reconocido, después de una larga prueba, que yo pertenecía a ese lugar.

Mientras estuve allí, fui consciente del fresco olor penetrante de las hojas y de los montones de malezas que ardían: su humo perezoso descendía flotando por el extenso valle y me encontraba en mi campo; y por último oí, como si los sonidos fuesen emitidos por primera vez, todos los vagos murmullos de la campiña: un cencerro en algún lugar distante, el chirrido de un carro, el confuso susurro vespertino de los pájaros, los insectos y las ranas. Tanto significa para un hombre detenerse y alzar la vista fija en su labor. Eso fue lo que hice, y miré de arriba hacia abajo con una emoción y una sensación de bienestar que ahora no puedo evocar sin cierta envidia y alegría, ante la grandiosidad y la serenidad de todo aquello. Y me dije en voz alta: «Seré tan amplio como la tierra. No tendré límites».

David Grayson,
Adventures in Contentment

Capítulo 3

ℜ: Abrir el grifo

El gusto y el aprecio del agua pura y fresca por lo general se desarrolla cuando uno es niño. *Agua* es una de las primeras palabras que aprendemos a comprender y a decir, y a pesar de que los primeros intentos por beber a menudo resultan en vasos volcados y suelos mojados, el agua sigue siendo una bebida popular y un juguete durante muchos años. Cuando crecemos aprendemos, por supuesto, a apreciar el agua en muchos modos diferentes: lava la ropa, los platos, los coches y los animalitos domésticos, nutre los jardines y las plantas, y refleja nuestra imagen cuando nos miramos en su espejo. También llegamos a comprenderla y valorarla por la forma extraordinaria en que afecta nuestra temperatura corporal: cuando sentimos frío nos calienta y alivia; cuando sentimos calor es templada y refrescante.

Para la mayoría de nosotros, el agua es prácticamente gratis y casi siempre disponible en cantidad ilimitada. Basta con abrir el grifo y aparece como por arte de magia. Quizás ésta sea la razón por la que tendemos a subestimar su importancia o a ignorarla por completo, favoreciendo en cambio bebidas y medicamentos más caros y atractivos. Olvidamos que el agua, para uso interno, puede ser un magnífico reconstituyente de la buena digestión y eliminación, y para uso externo tiene la capacidad de mejorar la circulación de forma notable y de incrementar la resistencia al frío y a las enfermedades. Sobre esto trata el presente capítulo: una advertencia cordial pero firme sobre la auténtica magia del agua; una comprensión de sus propiedades medicinales y reconstituyentes, y de las sencillas técnicas que son necesarias para usarla de modo sensato y efectivo.

En primer lugar, examinemos la forma en que nos relacionamos con el agua como sustancia interna. En un día corriente, sin ejercicio o sudor anormal, se eliminan casi dos litros de agua, en su mayor parte por medio de la transpiración y la eliminación a través de los riñones y el intestino. Durante una actividad ardua, como el trabajo manual o el ejercicio vigoroso, la pérdida real de humedad puede duplicar o triplicar esta cantidad. La transpiración producida por el calor del sol y por el sudor nervioso contribuye aún más a esta pérdida de humedad.

Esto significa que si el cuerpo ha de mantener un equilibrio fluido apropiado, debe incorporar por lo menos dos litros de agua al día. Por supuesto, parte de ella proviene de los alimentos, pero el resto debe provenir del agua o de otros líquidos que bebamos.

Muchos no tomamos suficiente agua para mantener un equilibrio fluido apropiado y saludable; simplemente no reemplazamos la humedad que se pierde a través de la transpiración y la eliminación normal. Como resultado, nuestro cuerpo se ve privado de fluido. Esta privación, aunque lenta y sutil, contribuye a un número de estados patológicos que incluyen pereza, dolores de cabeza y estreñimiento.

*Ha de ponerse el énfasis en el hecho de que la mayor parte del tiempo no somos conscientes de esta deficiencia y desequilibrio de fluido; no nos sentimos deshidratados ni sedientos, ya que poco a poco nos hemos acostumbrado a beber menos. Nuestro cuerpo también ha realizado adaptaciones sutiles: tendemos a sudar con menos facilidad, lo cual protege el cuerpo de la pérdida de humedad, pero lo priva de la apertura de los poros, que es tan necesaria; el cuerpo también responde a la humedad insuficiente eliminando con menor frecuencia.

Hay razones de fácil comprensión para la existencia de fluidos insuficientes. Por ejemplo, nuestra existencia cada vez más sedentaria no favorece el sudor habitual. Y existen tantas bebidas «más sabrosas», como las gaseosas, la cerveza, el vino y el café, que han llegado a ser mucho más populares que el agua. Sin embargo, aunque compuestos principalmente por agua, estos líquidos contienen otras sustancias –sal, azúcar, cafeína, alcohol, etc.– que los hacen menos utilizables y saludables como fluidos corporales.

Pero a pesar del atractivo de otras bebidas, no hemos perdido por completo nuestro gusto por el agua natural. La que desciende por la ladera de una montaña, por ejemplo, sigue siendo una de las sustancias más sublimes de la naturaleza: contiene luz solar, oxígeno y una fragancia y un sabor que ni un animal ni un ser humano pueden resistir por mucho tiempo. En estas circunstancias, nos maravillamos por su sabor y color, nos relamemos con deleite y embotellamos un poco para llevar a casa.

Mientras tanto, en la ciudad, el agua como líquido para beber no es tan interesante. Después de hacerla pasar a través de cañerías y unidades purificadoras, se irradia con sustancias antibacterianas, se le incorpora cloro y en ocasiones flúor; entonces comienza a saber como se describe en el diccionario: en gran parte inodora, incolora e insípida... o incluso peor. No es sorprendente nuestra preferencia por los líquidos que se hierven, salan, azucaran, colorean y fermentan. El resultado es obvio: no bebemos toda el agua que necesitamos para estar saludables, mas lo que sí bebemos no es agua en su estado natural y fortificante.

Dada la calidad de la mayor parte del agua potable y la popularidad de otras bebidas, uno puede preguntar con razón: «¿Existe algún modo de mejorar el sabor y la calidad del agua, y de transformarla en una bebida más interesante?».

Por fortuna, existen modos de mejorar el agua corriente del grifo. Estas técnicas no son costosas ni llevan mucho tiempo. Sólo es imprescindible que tengas un sincero interés por mejorar tu salud bebiendo más agua.

En primer lugar, casi todo tipo de agua puede mejorarse mucho con sólo hervirla. Luego puedes enfriarla, embotellarla y beberla cuantas veces tengas sed. ✳Esta técnica de purificación del agua es la más antigua y confiable; además de eliminar las impurezas, mejora el sabor de forma notable. Para mejores resultados, hierve el agua a fuego fuerte por lo menos durante media hora.

Una segunda técnica de purificación requiere dos purificadores naturales del agua que se encuentran en la mayoría de las cocinas: zumo de limón y vinagre de manzana. Se procede de la siguiente manera: ✳Por cada litro de agua, agrega una cucharada de té de vinagre de manzana o de zumo de limón. Agita y deja reposar durante la noche o por lo menos ocho horas. El líquido resultante es muy sabroso y puede beberse solo o convertirse en una deliciosa bebida caliente si pones el agua al fuego y le incorporas una pequeña cantidad de miel.

El tercer modo de mejorar el agua corriente del grifo y de hacerla más sabrosa y nutritiva consiste en preparar té caliente. Esto, por supuesto, nos resulta familiar. Sin embargo, por lo general no hervimos el agua el tiempo necesario para una auténtica purificación; recordemos que, antes de su uso, el agua del grifo ha de hervirse a fuego fuerte durante media hora. A continuación, deja reposar en ella un té descafeinado, tal como se hace habitualmente. Muchos tés que están a nuestra disposición en la actualidad darán satisfacción al paladar del bebedor más inveterado de café o de té negro. Experimenta con diferentes tés y mezclas hasta encontrar las que te satisfagan. El té de flor de hibisco, por ejemplo, es muy sabroso: en invierno constituye una bebida tonificante y reconstituyente, y en verano un alivio frío y refrescante ante el calor. Asimismo es un favorito de los niños cuando se convierte en una deliciosa gaseosa roja y helada, y se puede adquirir en la mayoría de las tiendas de té y supermercados.

Ahora bien, a partir de la aplicación de una de estas técnicas sencillas de rejuvenecimiento, comienza a regar tu propio jardín interno. Bebe un vaso de agua cuando te levantes por la mañana. Bebe otro por la noche. Bebe varios durante el día. *Aumenta la cantidad poco a poco cada semana hasta beber de seis a ocho vasos de agua por día. No lo hagas en tragos grandes de una vez; es mejor beber pequeñas cantidades varias veces al día. Comprobarás que estas deliciosas bebidas te satisfacen y nutren, y son una manera simple de transformar el grifo de la cocina en tu arroyo de montaña personal. Descubrirás nuevamente el placer de beber agua: el tónico y elixir más puro, económico y nutritivo que se haya creado.

El segundo uso importante del agua, aunque a menudo se pasa por alto, es externo. Naturalmente, todos estamos familiarizados con el baño en agua que se ha calentado a una temperatura agradable. Lo que se ha pasado por alto es el uso del agua a temperaturas más bajas, es decir, fresca: agua a una temperatura inferior a la del cuerpo.

Al instante, muchos lectores tendrán sus recelos sobre esta cuestión. Algunos cejarán ante la mera idea de que el agua fresca toque su piel. ¡Otros ya estarán temblando! No dejes que la expresión *agua fresca* te asuste, por favor. No hay nada que temer. El baño con agua fresca ha gozado de una reputación impresionante, promovida por las fotos de los diarios que muestran personas de noventa años haciendo hoyos en el hielo y bañándose en pleno invierno. Esta publicidad es perjudicial para el baño con agua fresca. La verdad es que agua fresca no significa agua helada, ni siquiera muy fría, y tampoco está limitada a entusiastas de la salud que nadan en el mar en pleno invierno nórdico. En realidad, el baño con agua fresca es inofensivo, sano y «bueno para ti», como suele decirse. Además cualquier persona, a cualquier edad, puede tomarlo en su propio hogar. Si se lo encara en forma adecuada y con prudencia, es una experiencia agradable en cualquier época del año.

La primera pregunta que se plantea, y la más frecuente, es: «¿Por qué bañarse con agua fresca?», en especial cuando a pocos centímetros hay un grifo que puede suministrar uno de los placeres más grandes de la vida, una ducha o un baño caliente calmante y relajante.

Antes de responder a esta importante pregunta, permíteme asegurarte que el baño con agua fresca no implica abandonar el baño con agua caliente. De hecho, sin agua caliente o algún recurso similar para elevar la temperatura, el baño con agua fresca no sería posible, excepto tal vez para los «osos polares», esos viejos inimitables de Chicago y de otras ciudades que se sumergen en el agua helada en pleno invierno. Para el resto de los mortales, el agua fresca y el agua caliente siguen siendo amigos íntimos; se alivian y moderan uno al otro, y así acrecientan al máximo nuestra salud y nuestro placer.

Ahora bien, pasemos a los beneficios del agua fresca. En primer lugar, ésta es sin duda el tónico y estimulante de la constitución física más económico y poderoso que está a la venta. No existe droga o elixir tan potente.

*El baño con agua fresca, si se toma con sensatez y regularidad, fortalece muchísimo las defensas corporales. En realidad, después de unos meses de tomar baños con agua fresca, comenzarás a notar una mayor tolerancia al aire y el viento fríos y a los cambios de temperatura. Necesitarás menos ropa de puertas afuera. Quizá abras puertas y ventanas para permitir el paso de aire fresco y puro en tu hogar o tu oficina. Necesitarás menos calor artificial para mantener tu cuerpo caliente; tu propio termómetro interno se conectará y proporcionará el calor requerido. En suma, lavarte con agua fresca es como un hálito de aire puro; despeja las telarañas de la cabeza y brinda un beneficioso estallido de energía y vigor.

Es verdad, dirás, el baño con agua fresca puede muy bien despertar un fuerte instinto de supervivencia. Mi bisabuela lo dijo alguna vez. Pero, ¿cómo puedo, después de años de bañarme en bañeras humeantes de agua caliente, aprender a tolerar el agua fresca? Sólo pensar en ello me hace temblar.

Agua fresca es cualquier agua de temperatura inferior a la de la sangre (36 °C)

Es importante comprender que cualquier agua fresca es agua por debajo de la temperatura corporal normal.

Cuando mencionamos un baño con agua fresca no hablamos de agua helada del mar o de un arroyo de montaña.

Quienes podríamos beneficiarnos con un baño con agua fresca a menudo nos desanimamos, porque comenzamos a bañarnos con agua muy fría. La idea consiste en hacerlo con agua a una temperatura inferior a la que usamos habitualmente. De manera muy gradual podemos bañarnos con agua cada vez más fresca.

*Recuerda que cualquier agua por debajo de la temperatura de la sangre es lo suficientemente fría para producir los beneficios deseados ya mencionados.

El agua fresca y una piel sana

Para apreciar en toda su magnitud cómo el baño con agua fresca influye en la salud, hemos de comprender también cuán importante es la piel para el cuerpo. Además de su papel como cubierta protectora, la piel tiene otras funciones importantes. Mediante la sensibilidad y el tacto, emite sensaciones al cerebro. Asimismo es el regulador de la temperatura corporal, funciona como un órgano accesorio de la respiración, absorbe sustancias que se encuentran en su superficie y siempre se ocupa de excretar productos de desecho del organismo, en gran parte a través de la transpiración. Para llevar adelante este trabajo, la piel se renueva a un ritmo constante, se deshace de miles de células viejas y muertas cada veinticuatro horas, y las reemplaza con miles de células nuevas que empujan desde abajo. Las delgadas láminas que podemos remover durante el baño son en realidad las células muertas empujadas hacia la superficie de la piel.

La producción de calor interior (el sudor provocado

por el esfuerzo, tratado en el capítulo 1) y la exposición de la piel al aire fresco y al agua fresca favorecen una piel sana, la piel que elimina los desechos de forma eficaz, que absorbe, respira, regula la temperatura y produce células nuevas y saludables. Cuando el agua fresca o el aire fresco entran en contacto con la piel cálida, la estimulan, reactivan y logran que responda mejor. *La piel expuesta gradualmente al agua fresca y al aire fresco durante un período de tiempo prolongado, se torna fuerte y elástica, en un medio inhospitalario para erupciones, alergias e irritaciones.

El agua fresca y el sol ardiente: el instinto natural

El instinto necesario para comprender y usar el agua fresca en el baño está presente por naturaleza en todas las personas. Se trata del mismo instinto que nos hace temblar con el fin de producir calor y nos motiva para vestir ropa ligera en los días calurosos del verano. Es la reacción natural del organismo, que busca en sí mismo la oscilación y el equilibrio entre el calor y el frío, entre la actividad y el reposo.

Piensa un momento en lo que significa tomar el sol un día caluroso de verano. Estás tendido, sudas debido al sol ardiente. Cuando ya no toleras el calor, te incorporas y te encaminas a la masa de agua más próxima: una piscina, un lago, un rociador para el césped, el mar, una ducha, lo que esté a tu alcance. El agua está fresca, sin embargo para tu piel caliente es deliciosamente calmante. Sales del agua y vuelves a tomar el sol. En poco tiempo te sientes acalorado y seco. En unos minutos estás listo para refrescarte nuevamente. ✻Este proceso, mediante el cual has pasado del calor a la frescura y luego otra vez al calor, es la fórmula básica para todo baño con agua fresca.

Con esta simple fórmula puedes emplear agua fresca en cualquier época del año, en cualquier circunstancia. Las únicas reglas son: (1) que uses agua fresca sólo después de que el cuerpo se haya calentado lo suficiente (de lo contrario, tiritarás de frío), (2) que siempre termines con agua fresca, porque ésta cierra los poros y protege el cuerpo, y (3) que después de utilizar agua fresca, mantengas el calor secándote de inmediato y vistiéndote con ropa abrigada, al sol, etc.

Por supuesto, puedes cumplir estas condiciones de muchos modos. En verano puedes tomar directamente una ducha fresca después de haber trabajado en el jardín, e incluso en invierno una ducha fresca puede resultarte agradable tras una caminata prolongada y vigorosa. En estas situaciones, en las que el calor corporal se ha generado a través del esfuerzo, el agua caliente no será necesaria antes de una ducha fresca. Esto se denomina calor activo, porque lo produces al realizar esfuerzos activos: proviene del interior.

Cuando el clima es más frío, o en períodos durante los cuales estás menos activo, puede ser conveniente calentar el cuerpo de una manera más pasiva antes de bañarse con agua fresca. Tomar una sauna, permanecer delante del fuego, tomar el sol, tenderse en una cama caliente, o darse una ducha o baño calientes, pueden constituir la preparación necesaria para un baño con agua fresca. Éstos son ejemplos de calor pasivo: el que proviene del exterior y el cuerpo no genera por sí mismo.

Antes de un baño con agua fresca, experimenta con la producción de calor activo y pasivo. Y ten presente que el calor activo, al requerir mayor energía de tu parte, es la manera más beneficiosa de calentar el cuerpo. Cada uno de nosotros, en algún momento, ha experimentado el alivio y la satisfacción que provienen de una buena sesión de ejercicios. Nos sentimos acalorados, pero felizmente acalorados. Los poros se abren y dejan escapar un poco de lo que somos. Con la transpiración surge un alivio maravilloso. Es la oportunidad perfecta para disfrutar una breve rociada con agua fresca.

Abrir el grifo

No muchos años atrás, el baño del sábado por la noche era una institución familiar. La madre, el padre, los niños, los abuelos, los amigos, los vecinos, y en ocasiones

los animalitos domésticos, solían recibir una buena fricción en una bañera con agua caliente. Se trataba de un ritual que todos esperaban con ansias, excepto, quizás, algunos de los más jóvenes, que no veían por qué era tan importante lavarse detrás de las orejas.

En la actualidad, bañarse es mucho más sencillo, por supuesto. No hay que reunir leña, hacer fuego y calentar agua en cacerolas sólo para tomar un baño caliente. Abrimos el grifo (¡también pagamos la factura mensual!) y obtenemos una cantidad de agua casi ilimitada, que cae en cascada desde nuestra catarata propia. Y como por milagro, podemos regular la temperatura de la cascada según nuestras preferencias. Puede ser muy caliente y producir vapor como el agua de un géiser subterráneo, caliente y calmante como la temperatura de la sangre, templada y refrescante como una brisa suave, o helada como los torrentes que se precipitan por montañas coronadas de nieve. La elección depende de nosotros.

Con sólo girar el grifo, tenemos el poder de regular las fuerzas de la naturaleza. Deberíamos emplearlas lo mejor posible a favor de nuestra salud.

Algunos consejos sobre el baño con agua fresca

*Una ducha diaria de cinco segundos con agua fresca es mucho mejor que una semanal de treinta segundos.

Recuerda que el secreto de un baño con agua fresca reside en la reacción de cada persona al agua. Puedes obtener la reacción deseada con agua a una temperatura apenas inferior a la de la sangre. No es necesario que esté helada.

Nunca comiences a aplicarte agua fresca si el cuerpo está frío, y nunca permitas que el cuerpo se enfríe después de utilizar agua fresca. Ésta es una medicina poderosa y debe tratarse con respeto. El abuso de agua fresca –la utilización exagerada o el baño sin una preparación adecuada– puede minar la salud.

Cada vez que uses agua, termina con agua fresca.

*Cuando emplees agua caliente o tibia –para bañarte, afeitarte, incluso para lavarte las manos– termina con un breve enjuague de agua fresca. Ésta cierra los poros y de este modo sella y protege el cuerpo. El agua tibia abre los poros. Si los poros quedan abiertos, el cuerpo será vulnerable al frío.

Ha de lavarse todo el cuerpo con agua fresca, de la forma más uniforme posible, obteniendo la sensación de un suave masaje.

SUGERENCIAS SOBRE EL USO DEL AGUA FRESCA QUE TE RESULTARÁN AGRADABLES

Lavado de cerebro

Aclárate la cabeza con agua fresca. Con la yema de los dedos masajea el cuero cabelludo mojado; hazlo con vigor por todas partes –atrás, los lados, alrededor de las orejas– hasta que tu cabeza comience a hormiguear y a sentirse rebosante de vida. Los dedos de un amigo pueden lograr que esto sea más agradable aún.

La combinación del masaje vigoroso y del agua fresca en el cuero cabelludo hace que éste sea uno de los usos del agua fresca más placenteros y vigorizantes. *La afluencia de sangre estimula el cuero cabelludo y favorece el crecimiento de cabello sano. También ayuda a mantener el pelo limpio, ni muy graso ni muy seco.

Baño con esponja

Mójate las manos o humedece una esponja con agua fresca. Luego lava todo tu cuerpo, comenzando por la nuca.

Al principio emplea agua a la temperatura corporal, después disminuye la temperatura poco a poco. Éste es un uso benigno y calmante, indicado para quienes utilizan agua fresca por primera vez. *Asimismo, es un modo de asearse conveniente y refrescante cuando no se dispone de tiempo para un baño o una ducha, y un recurso moderado para introducir a los niños en el hábito del baño con agua fresca.

Baño de pies

Los baños de pies con agua fresca son de gran ayuda para la circulación (en especial las venas) y para la mejoría general de la salud. Como los pies son las vigas de los sistemas nervioso y excretor, su tonicidad y cuidado son importantes para el funcionamiento armonioso del cuerpo. Un baño de pies adecuado los revive. Sumergir los pies calientes y cansados en un arroyo fresco de montaña o debajo de un grifo de agua fresca, es uno de los grandes placeres de la vida.

Frotación de la piel

Cuando termines de bañarte, con el agua fresca aún sobre el cuerpo, frótate enérgicamente la piel con un cepillo de cerdas firmes, una esponja vegetal, un guante de crin, una toallita o cualquier otro producto un tanto abrasivo.

Esta frotación vigorosa de la piel crea fricción y calor; si se efectúa con suficiente brío, reemplaza la necesidad del secado con toalla o de cualquier otro medio para calentar el cuerpo nuevamente. *Además remueve la piel vieja y la piel muerta de la superficie del cuerpo, despeja el camino para una buena eliminación a través de los poros y en general otorga a la piel un brillo delicado y saludable.

La frotación de la piel es un tónico y reconstituyente maravilloso, una de las mejores maneras de estimular una piel sana y feliz.

Moderados en cuanto a bebidas se refiere, los griegos producen en abundancia sus propios vinos y coñacs suaves. No obstante, a lo largo de nuestra estancia aquí, sólo una vez hemos visto a una persona ebria; y lo que es más cautivador aún, hemos descubierto que estas personas tienen un paladar tan delicado que son expertas en agua fría. El vaso de agua se ve en todas partes; es el aditamento de toda clase de confituras o incluso del alcohol. Tiene una especie de significado bíblico. Cuando un griego bebe agua, la *prueba*, la presiona contra el paladar y la saborea. Los campesinos te dirán fácilmente qué manantiales dan el agua más dulce, y son capaces de reconocer las distintas fuentes donde se abastecen las pequeñas carretillas blancas de la ciudad (cubiertas con ramas verdes).

Dos días antes de Navidad, trepamos por la vertiginosa ladera árida y afilada del Pantocratoras. Nos dirigíamos hacia el monasterio, desde el cual todo el desfiladero se extendía desnudo, perezoso y serpenteante en la fría niebla. Hilos de agua deslumbrante manaban en silencio desde Butrinto, y al sur, como un escarabajo en un plato, el buque de vapor italiano avanzaba sus seis nudos hacia Ítaca. Se estaban formando nubes sobre Albania, mas las tierras llanas del Epiro brillaban con la escarcha. En la pequeña celda del monje director, las ventanas estaban orientadas hacia el mar distante y las decisiones imprecisas de las olas al este; tomamos asiento ante una mesa de madera de pino y aceptamos la hospitalidad más espléndida: nueces frescas de la montaña y agua pura del manantial más alto; agua que las mujeres habían transportado cientos de metros en cántaros de piedra sobre sus espaldas.

Lawrence Durrell,
Prospero's Cell

Capítulo 4

ℜ: Por el precio de unas pocas pinzas para la ropa

Todos los días los rayos del sol se mueven y serpentean hasta que nos encuentran: en hogares, coches, fábricas, escuelas y oficinas. Para acariciarnos, se precipitan a través de la ropa, las ventanas, las paredes, e incluso las gafas. Y cuando no logran tocarnos personalmente, descubren otros modos ingeniosos de hacerlo: brillan sobre las vacas, de forma tal que la leche que bebemos contiene la calidez y la luz del sol; irradian verduras y frutas mientras crecen en los campos y las huertas, y así al comerlas ingerimos la energía del sol; si colgamos la ropa en la cuerda, la impregnan con el dulce néctar del sol para que podamos disfrutar su aroma y bondad cuando la usamos. Aun en los días fríos y nublados, cuando no podemos ver ni sentir los rayos del sol, éstos cumplen con su trabajo. Es la luz solar, con o sin el calor del sol, la que estimula el crecimiento de plantas y animales.

Enorme es el sol y lejos va
a través del cielo desierto sin reposar;
y en los días azules y resplandecientes
más densos que gotas de lluvia sus rayos son.
Por mucho que cerremos las persianas
para mantener fresco el sombreado salón,

él hallará una rendija o dos
por donde deslizar sus dedos dorados.

Robert Louis Stevenson

Antes de analizar en detalle nuestra relación con el sol, veamos lo que hace la luz solar para estimular la buena salud. En primer lugar, tiene una larga y bien merecida fama como importante nutriente. Durante los meses cálidos, en particular primavera y verano, cuando pasamos más tiempo al aire libre, ciertas enfermedades como el resfriado y la gripe se presentan con poca frecuencia, y cuando las contraemos desaparecen en un plazo breve. Las madres, en especial, siempre han reconocido la importancia del sol como sustancia nutritiva y saludable; durante miles de años han despejado las narices congestionadas de sus hijos con «dosis» de luz solar. También se ha observado y documentado con rigor que en invierno, cuando pasamos más tiempo en ambientes cerrados, la incidencia de resfriados, gripes, anemia e infecciones aumenta en proporciones considerables. Estas «enfermedades de la oscuridad», según suelen denominarse, se producen con mayor gravedad en las grandes ciudades, donde los edificios altos no dejan penetrar la luz solar y la gente se ve forzada a acurrucarse en coches, edificios y ropa abrigada para eludir el frío.

La luz del sol nutre el cuerpo a través del contacto con la piel, que extrae vitamina D. Esto sucede porque la piel, el órgano más grande del cuerpo, está hecha a la perfección para absorber la luz del sol. Cuando se expone a la luz (no al calor del sol) con regularidad, la piel se transforma en un tejido elástico y vital. Esto se nota con facilidad en los niños que juegan al aire libre todos los días, sin importar las condiciones climáticas:

tienen la piel radiante, saludable, y las mejillas ardientes, que sólo la exposición a la luz del sol, al viento y al aire puro puede colorear de una manera tan exuberante.

*La luz solar también influye en la química de la sangre. Numerosas pruebas han demostrado que la sangre se enriquece en hierro y fósforo a medida que aumenta la exposición a la luz solar. Estudios recientes indican que ésta ayuda al cuerpo a utilizar el calcio con mayor eficacia. No hay vitamina ni tónico, natural o artificial, que pueda compararse con la influencia que ejerce la luz solar en la producción de sangre.

Además la luz solar es importante por su actividad positiva en el sistema nervioso. *Cuando la luz baña los ojos, sobre todo cuando los cristales de las ventanas y las gafas de sol no la filtran, todo el cuerpo se tonifica y vigoriza. Las personas ciegas conocen muy bien la importancia del contacto de la luz con los ojos; al chocar la luz con los ojos les permite «ver» y sentir aunque su visión esté dañada.

Aumentan las evidencias de que la luz natural es trascendental para la salud. Un estudio reciente, elaborado por estudiantes universitarios, demostró que los estudiantes que se exponen a la luz natural con regularidad tienen mayor agudeza visual que aquellos que se exponen sólo a la luz artificial. Varios años atrás, se formó una Comisión Internacional de Iluminación para reunir investigaciones e informes sobre los efectos de la luz en las personas y los animales en distintos puntos del planeta.

Dados los regalos extraordinarios que el sol otorga al cuerpo humano, ¿por qué tiene tan mala reputación? Se lo culpa no sólo por una sequía mundial, sino también por una epidemia de melanoma o cáncer de piel. Es lamentable que la ignorancia sobre cómo aprovechar el sol sin riesgos, unida a los agentes contaminadores del medio ambiente que destruyeron en parte la capa terrestre de ozono, hayan hecho de los rayos solares algo peligroso. En lugar de beneficiarnos con las ofrendas del sol, ahora son muchos los que padecen enfermedades relacionadas con él.

¿Qué hacer al respecto? ¿Cómo podemos beneficiarnos con la belleza, el encanto y las propiedades extraordinarias del sol sin riesgo para nuestra salud? Por fortuna, hay modos de mejorar nuestra relación con la esfera dorada que nos recibe por la mañana y nos despide por la noche.

En primer término, debemos comenzar a apreciar el sol por su luz y su calor. En vez de esperar que ascienda la temperatura, debemos tomar el sol mientras el aire está relativamente fresco: en las primeras horas de la mañana y las últimas de la tarde. Incluso en pleno invierno, cuando el aire es frío y en ocasiones el cielo está cubierto por nubes oscuras, las ofrendas saludables del sol están disponibles con abundancia siempre que, por supuesto, las utilicemos con prudencia. Así como en el capítulo 3 aprendimos a bañarnos con agua fresca, podemos aprender a tomar baños de sol cuando el aire está fresco.

En segundo lugar, deberíamos filtrar la luz solar antes de que llegue a la piel. Árboles frondosos, ropa, gafas de sol, sombreros y pantallas solares, todo ayuda para proteger la piel sensible de los nocivos rayos ultravioletas. El adorador juicioso del sol lo tomará de siete a nueve de la mañana y el resto del día lo disfrutará filtrándolo a través de pantallas solares y ropa protectora. Hasta los modelos y estrellas del cine, que antes llamaban la atención por sus reducidos trajes de baño y su bronceado intenso, ahora se hacen fotografiar con camisas de manga larga, faldas largas y sombreros de ala ancha. La piel clara está otra vez de moda.

Por último, debemos dar más oportunidades para que la luz natural filtrada penetre en las escuelas, las oficinas, las fábricas y los hogares, lugares donde gruesas paredes impiden que llegue y donde la luz artificial la reemplaza. Reanudemos las actividades al aire libre –cuidar el jardín, pasear en bicicleta, caminar– que nos permiten un contacto más íntimo con la luz natural. Los empleados de oficina deberían tener la oportunidad de aprovechar el descanso para el café a la luz natural del sol. Las azoteas con flores y plantas podrían transformarse en santuarios para quienes buscan mejorar la salud. Los cafés y restaurantes al aire libre, como los que se encuentran a lo largo de los amplios bulevares arbolados en París y otras ciudades europeas, podrían proporcionar una mayor exposición a la luz natural durante las actividades que se desarrollan en el tiempo libre.

Cada día del año el sol brilla sobre la tierra, nos invita a salir y a jugar bajo su luz. Con ropa protectora y sombreros de ala ancha, debemos aceptar la invitación:

> *Mientras descubre su rostro dorado*
> *a todo el jardín en derredor,*
> *y echa una mirada cálida y resplandeciente*
> *en el escondrijo más recóndito de la hiedra,*
> *sobre las colinas, por el azul,*
> *a través del aire brillante, en línea recta,*
> *para complacer al niño, para pintar la rosa,*
> *el jardinero del Mundo va.*
>
> Robert Louis Stevenson

Desde luego, cada uno de nosotros debe establecer su propia relación con el sol. Algunas personas continuarán disfrutándolo sobre todo por exposición directa.

Otros quizá prefieran asimilar la luz solar de formas menos directas: gozar del sol después de que haya pasado a través del follaje del árbol favorito; probar fruta que se ha dejado endulzar y madurar poco a poco al aire libre; beber el zumo de una brillante naranja de invierno, un recuerdo nutritivo y sabroso de la luz del sol.

En otros tiempos venerado como un dios por los pueblos primitivos, el sol ofrece un gran número de oportunidades y beneficios ocultos. En una época en que los combustibles fósiles se agotan con rapidez, cada vez más personas consideran el sol como una fuente potencial de energía. La radiación solar, si se utiliza y aprovecha con prudencia, puede resultar una medicina eficaz en el tratamiento de las dolencias actuales. El sol es viejo y sabio: más confiable y poderoso que una lámpara eléctrica; más vigorizante que el sistema de calefacción artificial más complejo, aun en un día invernal; más fuerte, más económico y con mayor calor que una secadora eléctrica de ropa. Por el precio de un trozo de cuerda y de unas pocas pinzas para ropa, podemos traer nuevamente la fragancia fresca y vigorizante de la luz del sol a nuestros hogares y a nuestras vidas.

CÓMO TOMAR UN BAÑO DE LUZ

1. No permitas que el clima te desanime. Una caminata enérgica en un día frío y nublado o incluso durante un aguacero, puede deparar beneficios y placeres inesperados.
2. Viste ropa hecha con fibras naturales: lana, algodón, seda, lino y otras. Esto permitirá que los rayos beneficiosos de la luz penetren en la piel con mayor facilidad.

3. Si usas gafas o lentillas, quítatelas unos minutos todos los días para dejar que la luz no filtrada te bañe los ojos.
4. Evita el sol cuando está muy fuerte o alto en el cielo. Trata de tomar el sol de las primeras horas de la mañana, cuando la luz es más vigorizante.
5. Protege la piel mediante el uso de camisas de manga larga, vestidos o pantalones largos, gafas de sol, sombreros para el sol, etc.
6. Acostúmbrate a emplear una buena pantalla solar con SPF (factor de protección para la piel) que sea por lo menos del número 15. Recuerda que la piel puede dañarse con una brevísima exposición al sol; sólo cinco o diez minutos de sol fuerte pueden causar lesiones. Además, los efectos nocivos se acumulan a través de los años.
7. Protege a los niños de una exposición solar excesiva. La piel de las criaturas es delicada y sensible, y por lo tanto más susceptible a los efectos perjudiciales del sol.
8. Ten presente que los animalitos domésticos y toda clase de animales necesitan baños de luz tanto como nosotros. La leche más saludable proviene de la vaca más saludable.

Un día de noviembre tuvimos una puesta de sol extraordinaria. Yo caminaba por un prado en donde nacía un arroyo cuando por fin el sol, justo antes de ponerse después de un día frío y gris, alcanzó un estrato despejado en el horizonte y la luz matinal más delicada y brillante se vertió sobre la hierba seca y los troncos de los árboles en el horizonte opuesto y sobre las hojas de los robles en las laderas de las colinas, mientras otras sombras se extendían por el prado hacia el oriente, como si fuésemos las únicas partículas en sus rayos.

Era una luz que un momento antes no habíamos podido imaginar y el aire era tan cálido y sereno que nada faltaba para hacer un paraíso de aquel prado. Cuando consideramos que no se trataba de un fenómeno aislado que nunca se repetiría, sino que sucedería por siempre jamás un infinito número de tardes, y alegraría y satisfaría hasta al último niño que anduviera por allí, fue más glorioso aún.

El sol se pone sobre algún prado distante, donde no se ve ninguna casa, con toda la gloria y todo el esplendor que prodiga en las ciudades y quizá como nunca se haya puesto, donde no hay más que un solitario halcón de los pantanos que dora sus alas con su esplendor o una rata almizclera que mira desde su guarida, y hay algún arroyo con venas oscuras en medio del pantano, que justo allí comienza a serpentear, a moverse sinuosamente alrededor de una raíz débil. Caminamos en medio de una luz tan pura y brillante que hacía relucir la hierba y las hojas mustias, una luz brillante tan apacible y serena que pensé que nunca me había bañado en tal torrente dorado, sin que éste emitiera un solo susurro o murmullo. El lado oeste de cada bosque y terreno alto relucía como el confín del Elíseo y el sol en nuestras espaldas parecía un gentil pastor que nos llevaba a casa al atardecer.

Así nos acercamos hasta la Tierra Santa, hasta que un día el sol brillará con más esplendor que nunca, tal vez brille en nuestras mentes y corazones e ilumine toda nuestra vida con una luz que nos haga comprender mejor las cosas, una luz tan cálida, serena y dorada como la que baña una ribera en otoño.

Henry David Thoreau,
Excursions

Capítulo 5

℞: Dieta para un estómago pequeño y feliz

Si seleccionamos cien personas y les damos el mismo combustible –el mismo aire, la misma agua y los mismos sólidos–, tendrán una evolución muy distinta. Algunas estarán gordas, otras escuálidas, algunas serán felices, otras dichosas, algunas se verán tranquilas, otras tensas. Diferirán de cuantas maneras sea posible diferir, incluso en talla, fuerza, duración de vida y actitud.

Resulta obvio que somos lo que ingerimos y mucho más. Se diría que lo que hacemos con el combustible –el modo de asimilarlo y eliminarlo– es mucho más importante que aquello que incorporamos. Por ejemplo, una persona muy tranquila utilizará su alimento mucho mejor que una persona muy tensa. Una persona con mucho entrenamiento físico y buena salud puede aprovechar el combustible que convierte en débil o anémica a una persona sin entrenamiento alguno y que perdió esbeltez. Y una persona de buena digestión y eliminación eficiente puede usar óptimamente el combustible corporal que produce gases e indigestión a otras.

Esto significa que para hablar de alimentos o nutrición, primero debemos considerar ciertas variables como la digestión, la eliminación y la actitud. Por eso a este capítulo que trata sobre lo que incorporamos a nuestro cuerpo, sigue otro sobre lo que sale de él.

Sin embargo, los alimentos son alimentos, y aunque no constituyen el único factor determinante de la salud, todos dedicamos una parte considerable de nuestras vidas para reunirlos, comerlos, eliminarlos, ganar dinero para comprarlos, o solamente pensar en ellos. Consideremos por un momento el papel único y significativo que tienen en nuestra vida.

Mientras el otro combustible principal, el aire, se obtiene en su mayor parte en forma involuntaria (es decir, respiramos sin decidir hacerlo a nivel consciente), la ingestión de alimentos es sobre todo un acto voluntario; cada vez que sentimos apetito o deseamos comer o beber, debemos hacer algo para satisfacer esa necesidad. Cuando somos bebés tomamos el pecho o lloramos hasta que nos alimentan. Cuando crecemos buscamos los alimentos en los campos, los huertos y los supermercados. Incluso después de obtenerlos hay actos conscientes relacionados con su uso como combustible: los preparamos, los pelamos, los lavamos, los cocinamos, etc., y luego los llevamos a la boca. *El hecho de recoger la comida con las manos y llevarla a la boca es lo que convierte la experiencia de la nutrición en algo tan especial. Hace que nuestra relación con los alimentos sea íntima y personal, una relación única si se compara con otros combustibles corporales.

Los problemas que enfrenta la persona que desea una experiencia nutritiva óptima son cómo satisfacer el apetito y el ansia vehemente de alimentos, y cómo dar al organismo lo que en verdad necesita para funcionar en condiciones óptimas.

Satisfacer el hambre es bastante fácil, por lo menos para el tercio del mundo que tiene superabundancia de alimentos: podemos producirlos nosotros mismos o comprarlos a quienes se ocupan de ello. El problema no consiste tanto en cómo aplacar el apetito sino en cómo saber cuándo se trata de apetito real y qué hacer al respecto.

Dar al cuerpo lo que necesita para funcionar en condiciones óptimas es más que un desafío. Podemos adquirir tantos miles de alimentos diferentes todos los días del año que la elección acertada se ha tornado muy difícil.

Tomemos el queso como ejemplo. Cuando lo comemos satisfacemos algunos de los requerimientos nutricionales del organismo, pero el dilema es el siguiente: ¿cuáles de los muchos quesos que están a la venta en el mercado local cubrirán mejor nuestras necesidades nutricionales? Algunos son amarillos, otros rojos, otros blancos; algunos derivan de las cabras, otros de las vacas; algunos son pasteurizados, otros homogeneizados, otros crudos. Da la impresión de que cada uno fue sometido a un proceso diferente. ¿Y qué sabemos sobre los animales de los cuales provienen? ¿Son sanos? ¿Les suministran hormonas para incrementar la producción de leche? ¿Los crían en corrales o les permiten errar a la luz del sol? ¿Los ordeñan a mano o por medio de máquinas? ¿Cuán fresca es la leche utilizada? ¿Qué efectos tienen en la leche los distintos recipientes y conservantes? ¿Y en el queso? Otras variables también ayudan a determinar nuestra relación con el queso, desde la publicidad que lo acompaña hasta las sensaciones que nos produce comerlo.

A la simpática vaca toda roja y blanca
amo con todo mi corazón:
me da crema a más no poder
para comer con tarta de manzana.

Muge y pasea por aquí y por allá,
y sin embargo no puede perderse,
disfruta del aire libre,
disfruta de la luz del día;
todos los vientos la empujan,
todas las lluvias la mojan,
mientras ella camina sobre la hierba del prado
y come las flores que allí encuentra.

Robert Louis Stevenson

Si consideramos la cantidad de alimentos disponibles, no es sorprendente que haya tantas teorías y filosofías sobre lo que deberíamos comer. Casi todas las semanas se anuncia una nueva dieta o descubrimiento alimenticio. Vitaminas especiales, cereales reforzados con proteínas y pan enriquecido con nutrientes sintéticos y naturales, todos prometen brindarnos una salud espléndida. La industria de los alimentos saludables nos dice que únicamente tales alimentos pueden hacernos saludables. La industria de la leche sostiene que necesitamos más leche. La industria de la carne vacuna afirma que deberíamos comer más carne vacuna. Un experto determina que podemos comer cualquier cosa porque los alimentos no afectan la salud. Otro manifiesta que las enfermedades son el resultado de la ingestión de los tipos de alimentos inadecuados.

La abundante información científica sobre los alimentos y la nutrición acaso haya incrementado la confusión. Casi todos sabemos qué son las proteínas, las grasas, los hidratos de carbono y las calorías; sin embargo, todavía ignoramos cómo hallar una combinación satisfactoria de alimentos.

Existen otros factores que hacen que la selección de

alimentos apropiados sea difícil y en ocasiones confusa. Una dieta que nutre a un agricultor del sudeste de Asia puede ser deficiente para uno de Iowa, una dieta que es fortalecedora para las personas que viven a la orilla del mar puede debilitar a las que viven en las montañas, y una dieta que satisface las necesidades de una persona sedentaria puede ser inadecuada para una que hace trabajo físico pesado. Además, los alimentos más nutritivos pueden tener el efecto del veneno si uno está perturbado en la esfera emocional.

Dadas las muchas variables en juego en el proceso alimentario, ¿cómo podemos encontrar una dieta que nos satisfaga y sea saludable a la vez?

Como en tantas otras cosas, los métodos que nos llevan hacia una armonía nutritiva son simples en apariencia. De hecho, debido a esa sencillez, son ignorados con frecuencia por quienes buscan sendas más elaboradas hacia una mejor nutrición.

Estos métodos no son nuevos ni difíciles de aprender. No requieren un conocimiento especial de la ciencia de la nutrición ni de las formas de combinar los alimentos; se han conocido y practicado durante siglos, mucho antes de que palabras como hidratos de carbono, grasas, proteínas y calorías formaran parte de nuestro vocabulario.

El único requisito es que tú, lector, estudies la siguiente información con la mente libre de prejuicios: por el momento debes dejar de lado todas las otras ideas que hayas acumulado sobre una buena nutrición. Y por favor, que la simplicidad de lo que estás a punto de leer no te confunda. Esta simplicidad ha proporcionado a la gente comidas saludables que la han satisfecho durante muchos siglos. Lo mismo puede hacer por ti.

1. Come una cantidad generosa de frutas y verduras frescas y maduras, ¡todos los días!

La conveniencia y popularidad de los alimentos envasados dio como resultado la desaparición gradual de los alimentos frescos en los hogares. Más y más alimentos permanecen en cajas, latas y congeladores durante semanas y en ocasiones meses antes de que los comamos.

No hay sustituto de un alimento que se ingiere fresco, tal como viene en su propio envase natural. El zumo de naranja más sabroso y nutritivo, por ejemplo, es en sí mismo la misma naranja. Para prepararlo se abre el envase de la naranja –se pela la cáscara– y se bebe el jugo fresco de su interior. Existe una sola clase de zumo de naranja con valor nutritivo superior: el de una naranja auténtica. Asimismo, puedes hacer limonada con un alto valor nutritivo con sólo exprimir el zumo de un limón en agua fresca y agregar un poco de miel.

Las verduras frescas también están a tu disposición en tu propia cocina. Por un pequeño gasto semanal puedes obtener la satisfacción y la nutrición que provienen de los brotes de granos y semillas de alfalfa, girasol, etc.[1], soja, centeno, etc. Con una pequeña dosis de ingenio puedes convertir tu casa o apartamento en una pequeña granja productiva, una fuente ininterrumpida de verduras frescas para ti y tu familia.

Para aprovechar al máximo el valor nutritivo de los alimentos, debes comerlos cuando están en su punto. *La fruta que no está bien madura provoca estreñimiento. La fruta madura se digiere con facilidad y es

1. Véase «Energía verde», pág. 166.

un tanto laxante. Por ejemplo, los plátanos no están maduros hasta que adquieren color oscuro y aparecen pequeñas manchas. Con frecuencia se desechan los aguacates bien maduros por considerarlos «en mal estado» o «pasados».

*La mayoría de las frutas y las verduras pueden madurar si las dejamos a la luz del sol unas horas antes de ingerirlas. Además es una manera saludable de mejorar el valor nutritivo de los alimentos.

2. Come alimentos enteros y que aún tengan todas sus partes comestibles

Las plantas, al igual que las personas, están constituidas por diferentes partes. La zanahoria, por ejemplo, tiene una piel exterior y hojas en un extremo, donde se almacena un número importante de sustancias nutritivas. Si frotas cuidadosamente una zanahoria con un cepillo para verduras y te cercioras de que las hojas estén libres de residuos e insecticidas, puedes comer la piel y las hojas con la pulpa misma. *Estas hojas, picadas como el perejil, resultan un aderezo sabroso para las ensaladas. Cuando se consume de esta forma, con todos sus componentes comestibles, la zanahoria constituye un alimento nutritivo completo y superior. Por supuesto, no siempre es posible comer una zanahoria preparada así. En general se le quitan las hojas antes de que llegue al mercado, y el uso de poderosos insecticidas y residuos químicos en ocasiones hace que sea necesario pelar la zanahoria (y otras verduras y frutas).

Asimismo, deberíamos ingerir otros alimentos enteros siempre que sea posible. El arroz, por ejemplo, contiene abundantes vitaminas y otros elementos importantes almacenados en la cáscara; por lo tanto, es recomendable consumirlo en su estado natural, con cáscara. Es lo que suele denominarse arroz integral, y tiene todos sus componentes comestibles intactos.

Lo mismo puede decirse con respecto a todo grano y semilla. *Tienen un alto valor nutritivo si se los utiliza inmediatamente después de ser molidos, ya que durante la molienda el grano se rompe y su contenido queda expuesto al aire, con el consecuente deterioro de su calidad nutritiva. No es casual que el pan amasado con harina de grano entero recién molido sea el más delicioso y nutritivo[1]. El pan «enriquecido» se prepara con grano que ha perdido su impacto nutritivo porque sus partes comestibles ya no están reunidas como la naturaleza las acomodó.

Frutas y verduras de consumo corriente y sus componentes comestibles[2]

Manzana:	Cómela con piel y parte del corazón.
Naranja:	Come un poco de la parte blanca de la cáscara.
Pomelo:	Come un poco de pulpa y de la parte blanca de la cáscara.
Pera:	Come la cáscara y parte del corazón.
Limón:	Come un poco de pulpa.
Patata:	Cocínala y cómela con cáscara.
Pepino:	Cómelo con piel.
Nabo:	Cómelo con piel y algunas hojas.
Rábano:	Cómelo con piel y algunas hojas.

1. Véase «El pan y el grano entero cocido», página 229.
2. Las frutas y las verduras que han sido rociadas o enceradas han de pelarse antes de utilizarlas.

3. Ingiere comidas más sencillas que contengan menos ingredientes pero que proporcionen un mayor impacto nutritivo

La ingestión de comidas más sencillas simplifica todo el proceso de la alimentación: hay que cultivar y comprar menos alimentos, se requiere menos tiempo para prepararlos y no es necesario que el organismo digiera y responda a tantos comestibles. Si los seleccionas con cuidado y prestas atención a las hojas verdes y frescas, y a los granos enteros cocidos, tu familia comerá mejor y también ahorrará dinero.

El trigo sarraceno (granos de trigo molido grueso)[1], las habas y la ensalada de espinaca (aderezada con vinagre de manzana, aceite de oliva, tomillo y algas marinas), por ejemplo, son fáciles de hacer y constituyen una comida sabrosa, que satisface y es superior desde el punto de vista nutritivo.

Esta manera de alimentarnos no implica una menor variedad de platos atractivos. Al contrario, aprender a utilizar los granos de muchos modos diferentes puede ser una aventura deliciosa (véanse las recetas que comienzan en la página 120).

Por supuesto, esto no es tan sencillo como suena. Casi todos estamos tan acostumbrados a comprar y a comer lo que deseamos, que se requiere tiempo y disciplina para consumir menos clases de comidas y ali-

1. Para que el trigo sarraceno resulte especialmente sabroso, calienta semillas crudas sin cáscara (denominadas granos de trigo sarraceno descascarado) en una sartén seca y revuelve hasta que adquieran un tono castaño. (También puedes comenzar con granos descascarados y tostados. Éstos se preparan con mayor rapidez, ya que sólo necesitan calor, pues están dorados.) Una vez que las semillas estén calientes y hayan tomado color castaño, cúbrelas con agua caliente y cocínalas diez minutos aproximadamente, hasta que absorban el agua y queden esponjosas. Ahora el trigo sarraceno tendrá un exótico sabor a nueces.

mentos de elaboración más simple. También es preciso que inspeccionemos el supermercado con sumo cuidado y no hagamos caso de los miles de artículos que son tentadores pero tienen un bajo valor nutritivo.

Al principio, esto puede resultar una dura prueba para quienes suelen optar por un tipo de alimento diferente en cada comida. Sin embargo, más adelante, hasta el gourmet más aplicado descubrirá la riqueza de la sencillez.

4. Come según las estaciones

Aquellos que observan el ritmo de la naturaleza saben que cada estación presenta su propia ofrenda de plantas especiales. Por ejemplo, hay plantas que completan su ciclo y maduran después de largos días de sol fuerte, y otras que lo hacen únicamente durante el tiempo frío.

En los meses cálidos, durante el verano y a principios del otoño, uno puede consumir una serie de frutas hermosas, primero peras, albaricoques y melocotones, y luego manzanas. Ésta es época de verduras y legumbres verdes frescas en cantidad abundante: guisantes, lechuga y cebollas, seguidos de los favoritos conocidos del verano, como pepinos, tomates, habas y maíz.

Es evidente que estas plantas son fluidos suculentos y jugosos, a los que los cuerpos deshidratados por el sol reciben con satisfacción. El verano también es un período para bebidas frías, ensaladas verdes y frutas frescas y jugosas.

Cuando el sol se acerca al ecuador, en otoño e invierno, florecen diferentes plantas. Hay profusión de verduras de raíz comestible, como zanahorias, nabos y remolacha. Las frutas de invierno, como naranjas, limones y pomelos, se obtienen con facilidad.

El invierno es tiempo de pausa y reducción de actividad. Las plantas dejan caer sus hojas y entran en una etapa de lento crecimiento. Las abejas y otros insectos y animales disminuyen su ritmo y entran en hibernación, durante la cual viven gracias a los alimentos y la grasa que han acumulado en los meses estivales.

En invierno nuestros requerimientos nutritivos son distintos. Los alimentos concentrados, como la miel, las frutas y frutos secos y las legumbres, son indispensables para ayudar a producir calor corporal. Es época para patatas al horno, granos, aceites vegetales y sopas calientes; para comer tostadas con queso y beber agua caliente con limón y miel.

De este modo notamos que al observar las plantas y las estaciones, surge un patrón definido de alimentación. No es una casualidad que en la naturaleza los cítricos maduren en invierno, justo cuando el organismo necesita esas sustancias nutritivas, o que los frutos secos que caen de los árboles en otoño contengan los aceites que el cuerpo precisa durante el frío invernal.

A continuación figura una lista de algunos alimentos comunes, según la estación en que maduran. Han de consumirse con frecuencia en grandes cantidades en la época que están a nuestra disposición. Este tipo de alimentación te ayudará a comer de acuerdo a una variedad más restringida (véase el Principio 3) y al mismo tiempo en armonía con la naturaleza.

Repararás en que algunos alimentos, como la col, pueden comerse a lo largo de todo el año, y que las verduras de raíz comestible, que se conservarán durante el invierno, pueden consumirse hasta que aparezcan los cultivos nuevos en la primavera.

Ejemplos de alimentos para meses cálidos	*Alimentos correspondientes a meses fríos*
Maíz fresco, judías, guisantes	Maíz deshidratado, judías, guisantes, granos enteros cocidos, aceites vegetales, frutos secos y semillas
Ajo y cebolla	Bulbos de ajo y cebolla
Tomates, pepinos, rábanos, lechuga, remolacha y nabo	Verduras de raíz comestible (nabo, remolacha, zanahorias, patatas), brotes, col ácida (chucrut), col rizada, calabaza
Frutas frescas de verano (albaricoques, cerezas, peras, melones, melocotones, bayas, etc.)	Cítricos varios, manzanas, aguacates, peras de invierno, fruta seca, miel
Leche, yogur, kefir, quesos blandos	Quesos duros

5. Trata de comer el cincuenta por ciento o más de alimentos crudos, sin cocción

Son muchos los que asocian alimentos crudos con comer una manzana o mordisquear una zanahoria o un tallo de apio. Lamentablemente, éste es un concepto popular erróneo de lo que significa ingerir mayor cantidad de alimentos crudos, sin cocción. Como veremos en esta explicación, la preparación de platos crudos es una técnica que debe aprenderse y practicarse.

Para comer el cincuenta por ciento de alimentos crudos, debes aprender el arte de preparar comidas apetitosas y atractivas a partir de alimentos sin cocción. No es difícil de aprender; todo lo que se precisa son unos pocos elementos sencillos: un rallador, un cuchillo afilado, un buen aceite vegetal, unas pocas hierbas aromáticas, un limón o vinagre de manzana y un poco de coraje y determinación. Quedarás sorprendido y encantado ante las comidas deliciosas y atractivas que puedes hacer sin cocinar.

En realidad, pocos comemos el cincuenta por ciento de alimentos sin cocción. La mayoría de los quesos, por ejemplo, se elaboran con leche pasteurizada, que se ha calentado a una elevada temperatura. También casi todos los zumos son pasteurizados durante el proceso de conservación en lata, con el fin de evitar su deterioro. Cuando observamos con más atención las sustancias alimenticias que están a nuestra disposición, a menudo descubrimos que fueron cocidas en algún momento del envasado o del embotellamiento. Esto es lamentable, ya que la cocción y el calor intenso extraen muchas sustancias nutritivas de los alimentos. En general, cuanto más tiempo se cocine un vegetal, menos nutritivo se torna. Por ejemplo, si se hierve durante media hora, pierde gran parte de su valor nutritivo; en este caso el agua que se descarta podría ser más fortalecedora que el vegetal mismo. Lo importante es que muchos no somos conscientes del gran daño que nos causamos al cocinar, y a veces cocinar en exceso, los alimentos.

Las verduras que se cocinan han de someterse al vapor o saltearse ligeramente, y deben consumirse cuando aún están firmes. ✻Si es imprescindible cocinarlas en agua, asegúrate de utilizar ésta luego; bébela o destínala para sopas.

Para preparar éstas, calienta el caldo y, justo antes de servir, agrega verduras cocidas al vapor o salteadas ligeramente. Así, los vegetales estarán firmes y habrán retenido más valor nutritivo. Y no olvides las pieles y las hojas. Son componentes importantes de cada planta.

Muchas de las recetas del final de este capítulo se han seleccionado porque no requieren cocción. Prueba algunas; pronto aprenderás el arte sencillo y satisfactorio de la preparación de alimentos crudos.

6. Mastica bien los alimentos

El modo de preparar los alimentos para tu estómago –lo bien que los mastiques– es muy importante. *Ni el alimento más nutritivo será asimilado por completo a menos que lo mastiques como corresponde. Las glándulas salivales sólo se activan si la comida se retiene en la boca y se tritura correctamente. La saliva que liberan estas glándulas ayuda a desintegrar el alimento y a disponerlo para que pase a través del organismo. La masticación apropiada tiene asimismo otros beneficios considerables: al masticar más tiempo, te sentirás satisfecho con mayor facilidad y comerás menos; además harás un favor a tus dientes y encías al permitir que realicen aquello para lo cual fueron destinados.

Es lamentable que muchos de nosotros hayamos perdido el hábito de masticar. Las comidas precocidas y prácticas requieren muy poca masticación. A menudo las tragamos rápidamente con un vaso de leche, agua o cerveza.

Otro factor que hace que la masticación sea menos popular es que lleva más tiempo. Un gran número de personas considera el momento de las comidas como algo que ha de terminarse lo antes posible, para poder hacer cosas «más importantes». No tienen el tiempo o la paciencia imprescindibles para masticar en forma adecuada.

Es bien sabido que cuando se afronta la escasez de alimentos, se aprende con rapidez a dedicar más tiempo a la masticación; se saborea y disfruta cada bocado, y se lo retiene en la boca hasta que está bien deshecho. Para quienes no hemos experimentado privaciones, resulta fácil comer y triturar los alimentos rápidamente, ya que por lo general hay muchos más para consumir: en el plato, en la nevera, en el supermercado.

En el arte de la masticación apropiada, es fundamental no beber en exceso durante las comidas. Si hay mucho líquido en la boca, el alimento se moja demasiado rápido y se traga en trozos demasiado grandes para una digestión adecuada. Las glándulas salivales están para aportar todo el líquido que se requiera. La masticación es el estímulo que ellas precisan para suministrar el líquido que da comienzo al proceso digestivo.

Muchas personas han aprendido con éxito a masticar los alimentos y a comer menos a través de la práctica de «la masticación del cumpleaños». *Ésta se lleva a cabo de la siguiente manera: al comer, elige sólo un bocado de comida y mastícalo una vez por cada año que hayas estado vivo. Es un buen recordatorio de lo rápido que comemos y nos brinda una buena oportunidad de disminuir la velocidad y «rumiar» los alimentos y la vida.

7. Come con moderación

Quizá sea ésta la parte más difícil de una mejor nutrición. Quienes hacen bien todo lo demás –comer alimentos frescos y enteros todos los días, comer una variedad reducida de alimentos, comer según la estación y masticar de manera apropiada–, no tendrán una experiencia alimentaria satisfactoria si comen en exceso. El alimento más nutritivo actuará como veneno si se ingiere demasiada cantidad. ¡En lugar de beber cuatro litros y medio de zumo de zanahoria, podría ser más fácil para el organismo tomar un sorbo de whisky!

Suele formularse esta pregunta: «¿Qué se entiende por exceso?». Por supuesto, el exceso difiere según los individuos. Casi todos saben cuándo han comido suficiente; existe una campanita que suena y dice «completo». Sin embargo, muchos hemos aprendido a no hacerle caso, y el estómago se dilata para acomodar cada vez más comida. Se ha dicho que el ejercicio más difícil de todos es apartarse de la mesa. Incluso a la persona más fuerte del mundo le resulta un serio desafío.

Unas cuantas técnicas sencillas pueden ayudarnos a aprender este arduo ejercicio.

- Come en un cuenco o un plato más pequeño.
- Toma porciones más pequeñas de alimentos y, si es necesario, llena el cuenco varias veces.
- Deja siempre un poco de comida en el plato o cuenco cuando termines de comer. *Ésta es la señal para dejar de comer.
- Come cuando estés relajado. Evita hacerlo de pie, acostado, mientras trabajas o miras televisión. Haz del acto de comer una experiencia especial. Siéntate, tómate tu tiempo. Endérezate. Respira profundamente unas cuantas veces. Pon toda tu energía en la experiencia de comer.
- Evita comer entre comidas. Si tienes hambre, come fruta fresca, o bebe té o agua.

- Bebe de seis a ocho vasos de agua por día: favorece la eliminación y ayuda a controlar el apetito.
- Evita una comida abundante antes de acostarte. Cuando el estómago está lleno, el cuerpo debe ocuparse de la digestión, que interfiere con el reposo total. Trata de tomar un desayuno más completo y una cena más ligera. Esto ayuda a afrontar el día sin comer en exceso.
- Ayunar un día por mes o un día por semana es un modo excelente de acostumbrar el organismo y la mente a comer menos. Si es posible, pasa sin comer el mismo día cada semana. Ese día limítate a beber agua sola, o agua con unas pocas gotas de zumo de limón recién exprimido o de vinagre de manzana. Este ayuno semanal da a los órganos del cuerpo la posibilidad de reposar. Además proporciona un *sabbat* a la mente, que se preocupa por la comida demasiado a menudo[1].

8. Practica ejercicio vigoroso tres o cuatro veces por semana

Muchos se preguntarán: «¿Qué tiene que ver el ejercicio con los alimentos y el acto de comer?». La respuesta es: «Mucho».

Quienes deseamos una dieta nutritiva que nos satisfaga, debemos ser capaces de utilizar los alimentos que nos ponemos en la boca. La combinación más perfecta

1. Consulta a tu médico antes de empezar un ayuno. Quienes tienen problemas de azúcar en la sangre pueden sentirse débiles o mareados como resultado de un ayuno de veinticuatro horas. A estos individuos se les aconseja comenzar por saltarse una comida o ayunar sólo medio día. Cuando se acostumbran a este ayuno más breve, pueden emprender sin riesgos uno de veinticuatro horas.

de alimentos se transformará en grasa si el organismo no logra quemarlos.

Debemos tener presente que el alimento es combustible corporal. Es verdad que comer nos produce un gran placer. Sin embargo, más allá del mero placer, el alimento suministra el sustento que el organismo precisa para funcionar. Con sólo nutrir y proporcionar combustible al organismo sin exigirle esfuerzo, contribuimos a su holgazanería y aceleramos su deterioro. Para tener una experiencia alimentaria óptima, debemos brindar al cuerpo el ejercicio que necesita y merece.

Piensa en él como si fuera un animal doméstico entrañable. Sácalo a dar un largo paseo diario. Arroja unos cuantos palitos y que vaya a buscarlos. Cuando regreses a tu hogar para cenar, sentirás mayor aprecio por los alimentos y el apetito.

CONSEJOS PARA UNA NUTRICIÓN SUPERIOR

A continuación se exponen algunas técnicas específicas sobre cómo y qué comer[1]. Éstas se basan en los principios naturales más simples y esenciales. Al estudiarlos con atención, notarás cómo puedes modificar tu dieta actual y hallarás la que más se ajuste a tus propias necesidades.

Se reitera al lector que no se deje engañar por la simplicidad de estas ideas. Ellas representan el perfeccionamiento de cientos de conceptos diferentes sobre la nutrición. Son los pasos más sencillos pero efectivos para establecer una armonía con los alimentos.

*Y por favor, no olvides que todo cambio en la die-

1. En el apéndice C figura un desarrollo detallado de ciertas preguntas habituales relacionadas con la nutrición: «Breves ensayos sobre nutrición», página 223.

ta ha de hacerse en forma paulatina. No hay razón para descartar tu dieta actual. Síguela y trata de mejorarla. Muchas personas se dejan seducir por las dietas que les ayudan a perder o ganar peso en poco tiempo. Tales fluctuaciones bruscas pueden ser perjudiciales; crean tensión y estrés. Quizá te lleve varios años hallar la dieta más adecuada para ti. Entretanto, comerás mejor y darás a tu cuerpo y a tu mente la oportunidad de disfrutar de los cambios.

- *Ciertos alimentos fermentados constituyen una importante fuente nutritiva.*
  Éstos son los productos lácteos fermentados, el chucrut y el miso.
  Los productos lácteos fermentados, como el suero de la leche, el yogur y el kefir, son muy beneficiosos para la digestión. Ayudan a establecer y mantener la flora intestinal, importante y protectora, que reviste el estómago.
  El chucrut, preparado con col, es una comida excelente y nutritiva, apta para el invierno.
  El miso, o pasta de semilla de soja fermentada, es un condimento y alimento de alto valor proteico. Puede emplearse como base de sopas y otros muchos platos.
- *Algunos alimentos tienen el efecto de aumentar la resistencia general del organismo.*
  Son imprescindibles en especial durante el invierno, cuando hay cambios más extremos en las condiciones climáticas y por lo general se está menos expuesto a la luz solar.
  ✻Estas plantas nutritivas tan importantes son: ajo, perejil, berro y mastuerzo, la raíz del rábano picante, limón, zanahoria, remolacha, col, cebolla, brotes de girasol y de trigo sarraceno.

Para un valor nutritivo óptimo, estos vegetales han de consumirse crudos y con la mayor cantidad posible de partes comestibles. La raíz del rábano picante es muy fuerte y conviene mezclarla con remolacha rallada. La remolacha cruda debe rallarse y condimentarse ligeramente con aceite, de lo contrario puede irritar la garganta. Pica y macera el ajo en aceite de oliva durante unas horas; es más fácil de digerir y no perjudica el estómago.

- *Evita las comidas suculentas.* Son difíciles de digerir y tienden a hacernos menos sensibles a los alimentos simples y más nutritivos.

  Las salsas fuertes, las pastas, las grasas animales y la mantequilla deben comerse con moderación. Dos o tres huevos por semana son suficientes.

  Consume carnes magras, aves y pescado. Reduce el consumo de carne de vaca, de cerdo y de cordero. Recorta la grasa de la carne antes de cocinarla. Evita los fritos.

  Una patata asada constituye un buen alimento nutritivo; el número de calorías es relativamente bajo. Como parte de una comida adecuada, con yogur y cebollino o untada con un poco de aceite vegetal, es una importante fuente de alimento. Pero esta misma patata al horno con salsa y mantequilla es un alimento menos nutritivo, lleno de calorías y grasas saturadas.

- *Todo tipo de endulzante ha de usarse con moderación.* El azúcar refinada es muy fuerte para el organismo. Es preferible la miel sin depurar, aunque ésta también debe utilizarse con moderación.

  El mejor endulzante es el azúcar natural que se encuentra en la fruta madura. Las frutas secas contienen un alto porcentaje de glucosa, pero pueden comerse en pequeñas cantidades después de que recuperen su consistencia original remojándolas en agua unas cuantas horas.

- *Los estimulantes como el azúcar, la cerveza, el té, el café, el alcohol, el tabaco y las drogas, incluso las hierbas estimulantes como el ginseng, han de usarse con moderación.*
- *Usa la sal con moderación.*
  Ésta se halla en estado natural en la mayoría de los alimentos. Rara vez es preciso agregar más. Si deseas sal adicional, prueba la de mar o de lago, o mejor aún, los vegetales salados del mar como el dulse[1] o el kelp. Éstos se adquieren fácilmente como condimentos en polvo.
- *Toma un buen desayuno.*
  Un desayuno completo y saludable te dará la energía necesaria durante el día; además, estarás menos tentado de tomar bocadillos y comer entre horas. Al comenzar el día bebe dos vasos de agua. Luego come fruta fresca de estación.
- *A los niños debería dárseles ensalada como primer plato, cuando de verdad tienen hambre.* El agregado de algunas pasas de uva y/o pequeños trozos de queso fresco ayudará a hacer que la ensalada sea apetitosa y atractiva para un estómago vacío. Así los niños aprenderán a disfrutar y apreciar las verduras frescas y a desarrollar hábitos alimentarios saludables a temprana edad. (Véase Arroz selecto con pasas de uva, página 127.)
- *Todo lo que comas o bebas –hamburguesas o arroz integral, patatas fritas o patatas al horno, vino o zumo de zanahoria– debe, esencialmente, darte satisfacción.* Gran parte de esta satisfacción puede provenir de tu participación personal en el proceso alimentario: el

1. Dulse: variedad de alga marina roja. *(N. del T.)*

cultivo de los alimentos, su preparación o incluso la fabricación de algunos utensilios. Esta participación, ya se trate del cultivo de una pequeña cantidad de brotes en la cocina o de la elaboración de tus propias mermeladas o jaleas, aumentará tu satisfacción de modo considerable y contribuirá a un ritmo alimentario armonioso.

RECETAS PARA UN ESTÓMAGO PEQUEÑO Y FELIZ

Las recetas que figuran a continuación son simples pero completas, y han de satisfacerte. Fueron ideadas para presentarte alimentos sabrosos, nutritivos, económicos y fáciles de preparar. Cada una de ellas fue escogida porque demuestra uno o más de los principios de nutrición superior que se trataron en este capítulo. Cuando lo releas atentamente y aprendas a elaborar alguna de las recetas, estarás mejor preparado para encontrar tu propia versión de armonía nutritiva.

Muchas personas que disfrutarían por completo de estas comidas en un restaurante son reacias a comerlas en sus hogares. Vacilan porque están poco familiarizadas con los ingredientes y las instrucciones. No permitas que te ocurra lo mismo. No te desanimes porque haya poco que cocinar o asar al horno y no se incluyan muchos alimentos de consumo habitual, como huevos, mantequilla, sal y azúcar. Quizá te sorprenda y deleite descubrir que existen muchos modos sabrosos de comer frutas y verduras corrientes. Por ejemplo, cuando una simple zanahoria se ralla y mezcla con aceite de oliva, zumo de limón y algunas pasas de uva, se convierte en un delicioso convite que puede satisfacer hasta al comilón más exigente.

Estas recetas se han buscado en muchas fuentes diferentes: abuelas, madres, padres, amigos, abuelos, tías y tíos favoritos y, especialmente, en la experiencia. Además de constituir una práctica amena y sabrosa (razón suficiente para su inclusión en esta breve antología de los alimentos), estos platos pueden poner a prueba y ampliar tu creatividad, al introducirte en nuevos gustos, nuevos alimentos y nuevos modos de combinar ingredientes bien conocidos. Descubre el sabor exótico y exquisito de alimentos simples que se combinan de forma adecuada y armónica.

Prueba esta receta sencilla: Ralla una manzana grande o dos pequeñas en su totalidad, con la piel, la pulpa, el corazón y algunas semillas. Añade de inmediato la octava parte del zumo recién exprimido de un limón o una cucharada de té de vinagre de manzana. Agrega una cucharada sopera de copos de avena crudos, previamente remojados en agua durante unos minutos, y una cucharada sopera de frutos secos picados, recién descascarados. Mezcla todo cuidadosamente: la manzana, los copos de avena, los frutos secos y el limón.

Cierra los ojos y siéntate derecho. Lleva a la boca una cucharada de este combustible tan simple. Tómate tu tiempo para saborear el gusto increíble de uno de los platos más nutritivos, puros, sencillos y sin cocción, apto para el paladar y la salud vigorosa del campesino y el rey.

Albert (caimán) ante una llamada a la puerta:

–¿Quién golpea
cuando yo intento
hacer pasteles de arándano
con zanahorias y harina de avena?

Pogo *(Tira cómica norteamericana)*

Desayuno

Muesli de arándano

Coge un puñado de copos de avena crudos (o puedes hacerlos tú mismo si compras avena mondada y usas una batidora) y cúbrelos con agua durante media hora. Pueden remojarse mientras te vistes y preparas para comenzar el día. Añade un cuarto de taza de semillas de girasol y la octava parte del zumo recién exprimido de un limón (el vinagre de manzana puede sustituir el limón). Agrega una cantidad generosa de arándanos o de cualquier otra fruta. Mezcla todo suavemente y disfrútalo.

Té de la mañana

En primer lugar entibia la tetera enjuagándola con agua caliente. Después añade tres cucharadas de té de hojas de menta deshidratadas o frescas. Vierte agua hirviendo sobre las hojas. Mantén la tetera tapada (la abuela usaba una cubierta tejida) y deja reposar la infusión cinco o diez minutos.

Mientras, ocupa el tiempo de la siguiente manera: coge dos de tus galletitas o tostadas preferidas de trigo entero y extiende sobre ellas bastante mermelada de rosa silvestre.

El té, colado, es delicioso con o sin una cucharada de miel.

Almuerzo

Un viejo doctor de cierto renombre
tosía y salivaba cual perro de caza;
se examinó y diagnosticó garrotillo,
y se recetó una sopa con mucho ajillo.

Cuento popular lituano

Sopa de ajo

Dos pepinos
Medio litro de yogur
Cinco dientes de ajo (seis en caso de un acceso grave)
Una pizca de sal de mar

Corta los pepinos en cubitos muy pequeños. Diluye el yogur en medio litro de agua fría. Mezcla hasta que no haya grumos. Incorpora los pepinos, el ajo (que previamente se pasó por una prensa para ajos o se picó fino) y la sal de mar. Deja reposar durante una hora.

Huelga decir que el buen médico mejoró.

Ensalada del mediodía

Se requieren cuatro personas para hacer una buena ensalada: un filántropo para el aceite, un avaro para el vinagre, un consejero para la sal y un chiflado para revolverla.

Antiguo proverbio chino

Remoja varios puñados de trigo partido hasta que se ablande (alrededor de una hora). Pica muy fino: perejil, tomate, menta, cilantro (también denominado perejil chino y perejil mejicano), berro, cebolleta o cualquier otra verdura fresca de la estación.

Incorpora a esto el zumo de varios limones recién exprimidos; muchos dientes de ajo, que antes se pasaron por una prensa para ajos o se picaron muy fino; y un chorro generoso del mejor aceite de oliva. Escurre el agua y agrega el trigo a los demás ingredientes. Añade una pizca de pimienta y mezcla hasta encontrar el sabor perfecto. Condimenta con albahaca, orégano, tomillo, etc.

Si es posible, deja macerar la ensalada varias horas antes de comerla. El ajo ha de emplearse sin discreción.

Nota: Puede utilizarse vinagre de manzana en lugar de zumo de limón, y una chiflada puede sustituir a un chiflado.

Merienda

A los niños de todas las edades les encantan los tentempiés de la tarde (¡y los de la mañana y la noche también!). La próxima vez que tengas hambre y quieras romper tu ayuno entre comidas, prueba alguna de las siguientes recetas.

Pomelos para cuatro personas

Pela cuatro pomelos de la misma forma en que pelarías cuatro naranjas. Córtalos en trozos pequeños. Agrega media taza de semillas de sésamo y media taza de nueces picadas. Vierte una cucharada sopera de jarabe de arce y dos puñados (una taza) de menta picada muy fina.

Puedes añadir diez dátiles bien picados (sin hueso)

en lugar del jarabe de arce, o además de éste si eres muy goloso.

Delicia de nueces

Pica sesenta gramos, aproximadamente, de cada uno de los siguientes ingredientes: higos, ciruelas, albaricoques o cualquier otra deliciosa fruta seca. Deja en agua hasta que se ablanden (por lo menos durante una hora, pero es preferible toda la noche). Incorpora dos puñados de nueces, el zumo de un cuarto de limón y un poco de miel sin depurar.

Cena

Por tradición la cena ha sido un momento de celebración. Por fin la familia está reunida; ésta es una oportunidad perfecta para compartir las experiencias del día, relajarse y gozar de algunos alimentos saludables. Para empezar sugerimos algunos aperitivos. ¡No hay nada como los alimentos para despertar el apetito!

Salsa para lamerse los dedos

El tofu es un delicioso queso blando hecho con semillas de soja. Además de constituir una importante fuente de proteínas, es una invitación a la degustación de algo superior. Puede adquirirse en muchas tiendas de alimentación o prepararse en el propio hogar (un trabajo considerable pero que bien vale el esfuerzo).

Aplasta bien cuatrocientos gramos de tofu. Añade un cuarto de taza de aceite de oliva de primera calidad y el zumo de un cuarto de limón recién exprimido o dos cucharadas de té de vinagre de manzana. Agrega dos puñados pequeños de semillas de comino, molidas, y un chorro de salsa de soja. Mezcla hasta lograr una preparación homogénea.

Se trata de un plato exquisito. A quienes no les agrada el tofu y piensan que las semillas de soja son para los animales, bébanlo a lengüetadas, como hacen los cachorros. También puede utilizarse como salsa, esparcirse sobre las tostadas, comerse con una cuchara, emplearse como aderezo para ensaladas o saborearse en la punta de un dedo.

Receta de la ventana (debe hacerse cerca de una ventana abierta)

Raíz de rábano picante
Remolacha
Zumo de limón
Miel
Aire puro

Respira hondo. Ralla ciento veinte gramos (el equivalente de una zanahoria mediana) de rábano picante fresco y sesenta gramos de remolacha fresca. Agrega el zumo de medio limón y una cucharada sopera de miel.

Sírvelo con galletitas, pan de centeno, una zanahoria fresca o tallos de apio. Muchos aseguran que es el condimento ideal para la carne o el pescado.

Sopa instantánea

Para una persona: poner una cucharada de té llena de miso en un cuenco pequeño. Llenar el cuenco con agua hirviendo. Revolver hasta que el miso esté disuelto por completo.

Este caldo es delicioso y nutritivo para tomar solo. Asimismo es una base espléndida para añadir las exquisiteces preferidas, como setas ligeramente salteadas, restos de arroz, verduras picadas como perejil, cebollino y cebolleta, migas de pan o de galletas, etc.

Nota: El miso, que se hace con semillas de soja, puede adquirirse en la mayoría de las tiendas de alimentos naturales y en tiendas de alimentación japonesas.

Plato principal: Arroz selecto con pasas de uva

Ralla partes iguales de zanahorias y nabos. Agrega aceite de oliva, zumo de limón recién exprimido, tu condimento favorito, pasas de uva y trozos de queso cheddar crudo. Ahora incorpora arroz integral previamente cocido con lentejas (un cuarto de taza de lentejas por cada taza de arroz) y una hoja de laurel. Mezcla todos los ingredientes con una cuchara de madera y sirve en un cuenco de madera.

Postre: Ensalada selvática

Cuatro plátanos maduros, cortados en rodajas
Cuatro manzanas firmes, cortadas en trozos
Trocitos de ciruelas secas remojadas
Dos puñados de uvas sin semillas o pasas de uva (remojadas)
El zumo de dos naranjas
El zumo de medio limón
Un poco de miel sin depurar
Una cantidad generosa de un buen yogur

Completa con nueces picadas. Suficiente para cuatro niños o dos chimpancés adultos.

La última copa

℞: Para aliviar mentes y estómagos cansados.

Un cuarto de limón:
exprime el zumo (o
vinagre de manzana:
una cucharada de té)

Una taza de agua caliente
Miel para dar sabor:
media cucharada de té

Revuelve, bebe, relájate y duerme.

Para dormir bien toda la noche
haz que tu cena sea ligera,
y así no te quejarás
del dolor de estómago.

Mamá oca

Capítulo 6

ℜ: Buena administración

El cuerpo humano es una maravilla de ingeniería. Cuando funciona de forma normal, sus millones y millones de minúsculas partes trabajan juntas en armonía. Y si algo impide a una de ellas cumplir sus funciones, todas las demás acuden en su auxilio y la ayudan hasta que vuelve a estar sana y vigorosa.

Por ejemplo, cuando sentimos frío temblamos automáticamente para producir calor. Cuando sentimos calor, los poros se abren para que podamos sudar y enfriarnos. Cuando nos sentimos agotados, nuestro ritmo disminuye y descansamos. Cuando estamos descansados, nos sumergimos otra vez en la actividad. Cuando sentimos apetito, buscamos comida. Cuando estamos llenos y tenemos el alimento que necesitamos, el impulso natural es vaciarnos a través de la eliminación.

De modo similar, nuestra mente siempre busca armonía entre las fuerzas divergentes del universo. Con avidez nos llenamos de sueños, nociones, conocimientos e ideas, de las maravillas de la vida y la creación. Y cuando hemos llenado nuestro recipiente emocional, el instinto es retirarse, asimilar y digerir esta incorporación de energía del vasto mundo.

Este acto de equilibrio entre la actividad y el descanso, el calor y el frío, el vacío y la saciedad, se desarrolla sin pausa en nuestro interior. Cuando inclinamos demasiado la balanza en una dirección, más adelante nos vemos forzados a hacer algo al respecto. Este restablecimiento forzoso del equilibrio por lo general se presenta como enfermedad. Cuando estamos exhaustos a nivel emocional, ya no podemos pensar con claridad; nos guste o no, debemos alejarnos de la actividad mental. En el plano físico, a menudo la enfermedad es una retirada forzosa de la actividad excesiva, insuficiente o equivocada. En todo momento, seamos o no conscientes de ello, el cuerpo y la mente responden, de modos sutiles, a los cambios bruscos de la vida diaria.

El capítulo anterior versó sobre un importante combustible corporal, el alimento sólido. Aprendimos a hacer rendir al máximo nuestra nutrición a través de la selección, la preparación, la masticación, etc. Y así como necesitamos y deseamos este alimento sólido –para enriquecer la sangre, para formar músculos y huesos–, también precisamos equilibrar continuamente esta incorporación de energía con una extracción o eliminación regular.

La incorporación de energía no plantea problemas, por lo menos para la mayoría de la gente. Nos bombardean de manera constante con información y una gama de posibilidades: combustibles psicológicos para hacer funcionar e incluso hacer funcionar en exceso nuestra mente. De modo análogo, tenemos mucha y a menudo demasiada hambre, y mucha y demasiada comida para saciar nuestro apetito y satisfacer nuestras necesidades corporales de energía sólida. El problema no consiste en cómo obtener mayor cantidad de energía, sino en cómo moderar su caudal y cómo eliminarla apenas es digerida. Dado que la eliminación del exceso supone un proceso similar, ya se trate de alimentos o de ideas, concentremos la atención en la eliminación de los alimentos sólidos.

Prácticamente todos ingerimos dos, tres o hasta cuatro comidas al día; sin embargo, evacuamos el intestino sólo una o dos veces. Además, por lo general tenemos hambre y nos sentimos insatisfechos incluso después de comer tantas veces. ¿Qué sucede con el alimento que no se elimina? ¿Podría ser en alguna medida responsable de las sensaciones de vacío e insatisfacción que percibimos, de la persistencia de la ansiedad después de ingerir platos y platos de comida?

Parte de ésta, por supuesto, es absorbida por el cuerpo a través de la sangre. Pero el resto, *exceso de combustible que el cuerpo no puede usar o almacenar, queda alojado en las amplias dependencias del abdomen y el estómago, y favorece la propagación de toxinas desde el intestino hacia el torrente sanguíneo. Muchas enfermedades comunes y no tan comunes, entre las que se incluyen los dolores de cabeza, estreñimiento, diarrea crónica, cáncer de intestino y depresión (para mencionar sólo algunas), están relacionadas con esta eliminación incompleta.

Varias técnicas de eliminación –sudar, beber más agua, comer alimentos ligeros y de fácil digestión– se trataron en capítulos anteriores. Otras dos cosas importantes pueden hacerse para restablecer la armonía entre la incorporación y la eliminación del combustible corporal. La primera es la tonificación y el uso, natural y adecuado, de los músculos abdominales; la segunda, la respiración y la postura correctas.

De todos los músculos del cuerpo, sin duda los abdominales son los que menos se usan y de los cuales más se abusa. Esto se debe en parte a nuestro estilo de vida, que se basa cada vez más en el sedentarismo y las máquinas, lo cual casi nunca requiere el trabajo de los músculos abdominales; otra causa es la fatiga que localizamos en estos músculos por una postura vertical, una dieta inapropiada y los excesos en las comidas. Esto es lamentable, ya que los músculos abdominales tienen una importancia vital para la digestión, la eliminación, la buena salud, la postura atractiva, como también para el tamaño de la ropa y la vanidad. ¿No es verdad, por ejemplo, que después de una comida abundante, cuando el vientre está lleno y distendido, por lo general nos sentimos cansados, perezosos, pesados, quizás irritables y un poco deprimidos? ¿Y que a continuación de un buen movimiento intestinal, sin excepción nos sentimos más ligeros, despiertos, vigorosos, relajados, animados, seguros, abiertos, creativos, con más vida?

Los músculos abdominales firmes transportan los alimentos a través del aparato digestivo con rapidez y eficiencia. Los músculos abdominales flojos contribuyen a retardar la digestión y la eliminación: los alimentos permanecen más tiempo en el estómago y así provocan una sensación persistente de malestar en esa zona. No es de extrañar que en inglés el sustantivo *relief* (evacuación, alivio) y el verbo *relieve* (evacuar, aliviar) estén relacionados con funciones corporales, ni que a través del estómago se nos alimente y conecte con nuestra madre por primera vez, ni que el noventa por ciento de todas las enfermedades y operaciones tenga que ver con esta parte del organismo. No es una exageración afirmar que el vientre es el centro del universo de la anatomía humana.

Una vez establecida la trascendencia de esta parte descuidada y esencial del cuerpo, veamos qué podemos hacer para mantenerla saludable, para «eliminar» cualquier problema que tenga conexión con ella.

El primer paso para reconciliarnos con esta zona consiste en aprender y practicar un sencillo ejercicio denominado «compresión abdominal». Puedes hacerlo sentado, de pie o acostado, en cualquier momento y en cualquier lugar: cuando conduces por la autopista, sentado ante un escritorio, haciendo cola en la tienda o acostado en la cama. ¡Incluso mientras lees este libro! ¿Por qué no lo intentas ahora mismo? Se procede de la siguiente manera:

*Inhala lentamente por la nariz, a medida que aspiras todo el aire que sea posible. Luego exhala por la boca, mientras extraes todo el aire que puedas de los pulmones. Trata de hacerlo con lentitud y ritmo, sin esfuerzo. Quizás esto exija un poco de práctica, pero con el tiempo has de ser capaz de colocar la mano sobre el abdomen y sentir el aire a medida que lo expulsas para espirar.

Cuando hayas extraído el aire, libéralo y eleva la pared abdominal (la región del ombligo) hacia el pecho con energía. Al mismo tiempo empuja lo más posible el abdomen hacia atrás, contra la columna vertebral. Con práctica, formarás una cavidad o depresión, y las costillas sobresaldrán.

Retén la presión firmemente durante unos pocos segundos, luego relaja el abdomen e inhala. Repite cinco o seis veces, dos veces al día; de un modo gradual extiende la cavidad y manténla así unos veinte o treinta segundos. Recuerda: empuja el abdomen todo lo posible hacia atrás, para que tus órganos internos reciban un buen masaje.

¡Eso es todo! Si la compresión abdominal se practica con regularidad y a conciencia, puede dar resultados notables y trascendentes. Hará que te ocupes de tu olvidado abdomen y contribuirá a que éste recobre vida. Llevará tiempo, tal vez semanas o meses, pero a la larga aprenderás a controlar estos músculos nuevamente y la cavidad aumentará de tamaño.

¿Los efectos? Un vientre más firme, menos flaccidez, eliminación más fácil, mejoría de la circulación, de la tonicidad de la piel y de la postura, restablecimiento general y elevación de todos los órganos que han sufrido prolapso y, lo fundamental, una intensa sensación de satisfacción al haber recuperado el control sobre una parte vital e importante del cuerpo[1].

La segunda técnica para mejorar la eliminación está íntimamente relacionada con el restablecimiento abdominal; se trata de la respiración y la postura correctas.

Como seres bípedos erguidos, estamos en una desventaja estructural considerable. Las piernas, nuestra base de sustentación, no nos proveen, sencillamente, de suficiente «apoyo» o estabilidad; en consecuencia, nos caemos con mucha facilidad. Sin embargo, si nos apoyamos sobre las manos y las rodillas, en cuatro patas, tenemos una base mucho más sólida, menos caídas y problemas de desplazamiento. ✻Esta desorganización en la estabilidad de la postura también describe nuestras emociones de muchas formas. Ésa es la razón por la cual una afición como la jardinería, durante cuya práctica nos inclinamos y colocamos las manos en la tierra, a menudo es una terapia eficaz para el desequilibrio emocional.

Con el fin de mejorar nuestra postura bípeda erguida, debemos producir en nuestro cuerpo armonía y equilibrio muscular. Las claves de este mejoramiento son: la respiración a la altura del diafragma y el abdomen, que involucra todo el cuerpo, y una faja firme de músculos abdominales, que pueden sustentar una postura erguida adecuada.

En primer lugar, nos referiremos a la respiración. Sin duda, hay tantas técnicas como número de personas, tantas buenas teorías como número de autores y ex-

1. Véase también «Mejoramiento de la eliminación y fortalecimiento de los músculos abdominales», página 213.

pertos, pero lo esencial es: casi siempre respiramos muy superficialmente y a un ritmo demasiado rápido. Por superficial quiero decir que nuestras inspiraciones y exhalaciones no van más allá del pecho, cuando deberían extenderse al abdomen. Esto puede solucionarse si uno es más consciente de la respiración, si la escucha y sigue su paso por el cuerpo. Practica la respiración hacia diferentes zonas; por ejemplo las rodillas, los dedos de la mano y de los pies. *Con la práctica descubrirás que puedes dirigir la respiración hacia donde quieras, y a partir de entonces todo aliento, ya sea durante el descanso o el esfuerzo, ingresará y saldrá a través del abdomen. En realidad respiramos a través del vientre.

Además, practica una respiración más pausada y rítmica, extendiendo de forma gradual las inhalaciones y exhalaciones a seis o siete por minuto. Un buen modo de hacerlo es andar y sincronizar la respiración con los pasos. O tómate el pulso y controla las inspiraciones y espiraciones según los latidos del corazón. Al principio, este mayor interés por la respiración resultará un tanto difícil, pero bien vale el esfuerzo. La mayoría respiramos superficialmente, sin darnos cuenta de ello. Con el tiempo, la respiración más pausada y prolongada volverá a resultarnos natural y ya no serán necesarios la práctica y el ejercicio de esta función corporal normal.

Ocupémonos ahora de la postura. Ésta, por supuesto, es una cuestión muy personal. Todos estamos constituidos de distinta forma, con una estructura, una masa de huesos y una distribución del peso corporal que son diferentes. Precisamos distintos cuerpos según nuestro estilo de vida, mas la necesidad de una buena postura es universal, sin importar qué hacemos o cómo estamos constituidos. Y el secreto de una buena postura es el mismo para todos: tomar conciencia de que hay que estar más erguido, distribuir el peso para no caer con tanta facilidad, elevar los órganos abdominales y el pecho, al mismo tiempo que se mantienen los hombros bajos. *Imagínate de pie, espigado, la espalda derecha, mientras transportas dos pesados cubos llenos de agua. Ésta será una buena postura.

Si tenemos presente tal postura mientras estamos sentados, comemos y dormimos, poco a poco aprenderemos a asumirla con naturalidad. Al comienzo no será tan sencillo. Estamos acostumbrados a una postura desgarbada, y los músculos abdominales hundidos se cansan rápidamente y se resisten a sostener una postura erguida saludable. Pero persiste. Con práctica te sentirás más fuerte, más seguro y más aliviado ante esta nueva sensación.

La buena postura, la respiración profunda y los músculos abdominales firmes producen más beneficios que el mero mejoramiento de la eliminación y de la figura. *Cuando estamos de pie, erguidos, y el estómago se siente firme y la respiración es pausada y controlada, proyectamos una determinada actitud y confianza en nosotros mismos. Cuando nos sentimos fatigados y deprimidos, por ejemplo, tendemos a encorvarnos y a adoptar una postura desgarbada, estamos más malhumorados e irritables. Cuando nos sentimos confiados y seguros, más abiertos y receptivos, nos erguimos más, el pecho se expande, y estamos mejor preparados para afrontar todo lo que el mundo ponga en nuestro camino.

El cuerpo con el que nacemos, nos guste o no, es nuestro compañero constante a medida que nos movemos a través de la vida. En las épocas buenas y malas, en la prosperidad y la adversidad, en la esbeltez y la obesidad, en la juventud y la vejez, siempre está con nosotros. Es como un voto matrimonial eterno e irrevocable: para bien o para mal, hasta que la muerte nos separe. Y por enemistados que estemos con nuestro cuerpo, el divorcio no es posible. Hasta cuando lo descuidamos –cuando se enfada después de unos pocos pasos, cuando se dobla por el peso de una panza rolliza, cuando gime bajo la tensión de un cataclismo conyugal y de un trauma financiero–, sigue siendo el único cuerpo que tendremos, por lo menos hasta que salgamos de él para siempre.

Al igual que un cónyuge en cualquier matrimonio, nuestro cuerpo requiere cierta dosis de cuidado y atención: precisa alimento, agua, descanso, actividad y una caricia ocasional aquí y allá para asegurarle que se lo ama y necesita. Incluso a quienes hemos descuidado el cuerpo puede reconfortarnos el hecho de que el organismo humano es increíblemente indulgente y posee una capacidad de rejuvenecimiento en verdad admirable. Parece tener una aptitud ilimitada para recuperarse –del dolor, de las lesiones, de la negligencia– y siempre está listo para servirnos en nuestros viajes. ¿Podría uno hallar alguna vez a un compañero más devoto y fiel?

CONSEJOS PARA UNA BUENA ADMINISTRACIÓN

1. Es mejor hacer un poco de limpieza todos los días que mucha en una sola vez. Cuando la suciedad se amontona, sacarla es mucho más difícil. No esperes que una acumulación de tantos años desaparezca de la noche a la mañana.
2. En algunos casos, cuando una casa no se ha limpiado durante muchos años, la pila de desechos es tan alta, que no puede eliminarse fácilmente con los suaves productos de limpieza que se sugieren

en este capítulo. De ser así, quizá sea preciso usar instrumentos algo más potentes, como un enema o lavativa, que de forma bastante espectacular es capaz de eliminar años de desperdicios. Pero sólo han de emplearse como recursos transitorios o de emergencia, ya que son medidas externas y en realidad no enseñan a limpiar el propio hogar. Una vez que estos elementos te han ayudado con la limpieza general, ponte a trabajar y aplica las técnicas de limpieza diaria que se recomiendan en este libro: beber más agua, comer de un modo adecuado, mantener una buena postura, respirar profundamente, transpirar y ejercitar a diario los músculos abdominales.

3. *La limpieza general puede facilitarse si bebes agua caliente, en lugar de agua a temperatura ambiente, que es lo habitual. Bebe dos tazas al levantarte y una por hora en el transcurso del día. Cuando se haya terminado la limpieza, que suele llevar tres o cuatro días, empieza de nuevo a beber agua a temperatura ambiente.
4. Ayunar un día por semana es una manera estupenda de limpiar la casa sin hacer mucho trabajo. ¡La casa se limpia sola! Por supuesto, este tipo de aseo semanal sólo será eficaz si el hogar se mantiene razonablemente limpio todo el tiempo. Es como darle el día libre a la señora de la limpieza[1].
5. Aun después de comenzar un programa diario y sistemático de limpieza de la casa, un aseo estacional o ayuno más prolongado es muy recomendable. El ayuno estacional dura por lo general tres o cuatro días, y sólo se ingiere agua, aunque puedes agregar-

1. Para tomar precauciones sobre el ayuno, véase la nota al pie de la página 115.

le, si lo deseas, unas pocas gotas de vinagre o zumo de limón. Quienes no tengan experiencia en ayunos, deberían empezar con ayunos más breves, de veinticuatro a cuarenta y ocho horas, y si beber únicamente agua resulta muy difícil, ésta puede sustituirse por jugo de verduras o frutas diluido con agua por partes iguales.

6. Los desechos que se niegan a ser desechados suelen extraerse mediante el uso de la semilla de plantago, que puede adquirirse en muchas tiendas de alimentos naturales y en farmacias donde se venden hierbas; siempre que sea posible, ha de utilizarse completa, preferentemente la semilla dorada entera. También puede comprarse en farmacias comerciales bajo el nombre de Metamucil, aunque ésta y otras marcas similares proceden de la planta triturada, y no son tan eficaces como la semilla entera. Para mejores resultados, toma dos cucharadas pequeñas de agua cada tres horas, durante dos o tres días. Esta «escoba» suave es muy eficaz para remover los desperdicios persistentes, ésos que probablemente no encontrarías durante la limpieza normal. Pero recuerda que no debe utilizarse con frecuencia y no sustituye la necesidad de la limpieza diaria.
7. El arte de la relajación, tal como se expuso en el capítulo 2, puede facilitar mucho la buena eliminación. El vientre se pone tenso muy a menudo; en realidad soportamos la tensión en el plexo solar. Por lo general esto resulta de tener prisa por evacuar el intestino, no darse tiempo suficiente para relajarse y cumplir de modo adecuado con esta importante función corporal. Al igual que los escolares, solemos vacilar en solicitar permiso para salir del aula, ya que los maestros y los compañeros de

clase nos incitan a esperar. Esta «retención», en la escuela o más adelante en el hogar o la oficina, constituye un hábito poco beneficioso: el cuerpo aprende pronto a hacer caso omiso de la llamada de la naturaleza. El resultado: una disminución gradual de la acción peristáltica y menos movimientos intestinales. Por lo tanto, cuando vayas al lavabo, tómate tu tiempo, relájate y respira profundamente. Concentra toda tu atención en la eliminación y disfruta con esta parte importante del ritual de la alimentación.

8. Por limpia que mantengamos nuestra casa interna, nunca gozaremos de una auténtica eliminación natural si comemos en exceso continuamente, en especial al final del día. Demasiado combustible –incluso el de mejor calidad– sobrecarga el sistema y coloca una carga muy pesada en los órganos de eliminación. *Un modo sencillo de corregir este problema es la «inversión de las comidas»: ingerir la comida principal durante el día y una comida ligera por la noche. O saltarse la comida de la noche. Esto da al organismo tiempo para procesar y eliminar los alimentos antes de que te duermas. Dormirás mejor y al despertar te sentirás más descansado.
9. Otra forma de mejorar la eliminación es ponerse en cuclillas en lugar de sentarse, que es lo habitual para evacuar el intestino. Esto requiere práctica, piernas fuertes y buen equilibrio; casi nadie está acostumbrado a utilizar el cuerpo de esta manera, y los lavabos modernos no están diseñados para tal tipo de uso. No obstante, aprender a acuclillarse así bien vale el esfuerzo, ya que a menudo puede ayudar a superar dificultades persistentes en la eliminación. Por lo general se obtienen mejores resultados

al acuclillarse sobre el borde de la taza del inodoro, en vez de hacerlo sobre el asiento, o al apoyar los pies sobre una base o plataforma de madera dura, de aproximadamente veinticinco centímetros de altura, mientras se defeca en la posición de sentado sobre el asiento del inodoro.

Esta posición en cuclillas es la más natural para la eliminación, porque asegura que el intestino esté abierto y se obtenga todo el beneficio de la acción peristáltica. Aunque se practica poco en los tiempos actuales, todavía se adopta en muchas partes del mundo y es corriente en la mayoría de las culturas «primitivas», donde la gente no puede adquirir cañerías ni laxantes modernos... y se las arregla muy bien sin ellos.

10. Unas palabras finales: no te conviertas en un fanático de la limpieza de la casa. Algunas personas siempre buscan aquí y allá fragmentos ocultos de suciedad. Pasan la mitad de su vida entre dietas, ayunos, purgantes y laxantes, predican las virtudes de la limpieza a cualquiera que esté dispuesto a escucharles, y a menudo se aíslan del mundo con su obsesión por la limpieza del hogar. Ésta se realiza mejor despacio, con tranquilidad y regularidad, sin obsesión: simplemente deja que el cuerpo lleve a cabo su propio trabajo moderado. No es necesario conversar sobre ello, ni siquiera con los amigos. Los resultados hablarán por sí mismos. Cuando te sientas mejor interiormente, te verás mejor en el exterior. La piel, la postura, el buen humor y la felicidad reflejarán cómo te sientes.

Capítulo 7

ℜ: Remedios anticuados para males actuales

En ocasiones nos enredamos tanto en soluciones complicadas para los problemas cotidianos, que pasamos por alto cosas simples y corrientes que pueden ayudarnos a sentirnos mejor. En realidad, estos simples remedios se basan en el antiguo y siempre válido sentido común. Pero como la mayoría solemos ser un tanto olvidadizos, a veces un recordatorio resulta útil.

> Vivirá mejor aquel que adapte
> su modo de vivir a un cambio constante.
>
> Madre Naturaleza

Quizás estas recetas te recuerden a tus abuelos u otras personas «anticuadas» que hayas conocido, o sobre las cuales hayas oído hablar o leído. Esto es positivo. Las personas mayores suelen tener un saber reposado que penetra más allá de la complejidad de la vida moderna. En esa sencillez, es probable que descubramos o redescubramos algo que logre hacer nuestra vida más fácil y agradable todos los días.

Éste es un viejo refrán: «Cuando se le enfríen los pies, póngase un sombrero». Buen consejo.

La cabeza es el radiador del cuerpo: es a través de la cabeza que se escapa gran parte del calor corporal. Este dicho también podría haber rezado: «Póngase una bufanda», porque es a través del cuello desabrigado que penetran el aire helado y los vientos que producen escalofríos. Muchos resfriados y enfermedades leves pueden prevenirse si se usa un sombrero y una bufanda de lana.

La mejor manera de proteger el cuerpo del frío es llevar puestas varias capas de ropa ligera. Es mucho más efectivo que una sola prenda pesada; el aire entre las capas actúa como aislante. Estos estratos brindan otra ventaja: te permiten quitarte las prendas a medida que sube tu temperatura corporal. Puedes dejar a un lado la ropa que te sobra, o anudarla alrededor de la cintura si estás caminando. Asimismo es aconsejable vestir una prenda de puro algodón, pura lana o seda como primera capa: estas fibras naturales permiten que el cuerpo respire.

Ponerse suéteres y jerseys abrigados es también alternativa recomendable a elevar el termostato en tu casa. No sólo ahorrarás energía, sino que contribuirás a tu buena salud. Los ambientes demasiado caldeados tienden a secar la piel y a disuadir al cuerpo de generar su propio calor. ❊El aire fresco estimula al cuerpo para que produzca calor, y favorece la circulación de sangre nueva. Además, cuando la piel se siente un poco fresca, es más probable que te muevas, y este movimiento es beneficioso para la circulación.

En general, cuando el termostato corporal trabaja normalmente, la cabeza está un tanto fría y los pies están un tanto calientes. Se trata de un equilibrio normal y saludable. Cuando no te sientes bien –debido a una fiebre o un dolor de cabeza, por ejemplo–, notas que ocurre a la inversa: la cabeza está caliente y los pies están fríos. ✻Para que el cuerpo retorne a su polaridad de temperatura saludable, debes enfriar la cabeza y calentar los pies. Muchas personas lo hacen por intuición: se colocan un paño frío sobre la frente y remojan los pies en agua caliente. Es el modo adecuado de ayudar al cuerpo a volver a su equilibrio normal: calentar los pies y enfriar la cabeza.

Esto nos lleva a la bolsa de agua caliente, un remedio casero simple y útil que era más popular en la época de nuestras abuelas. Una bolsa de agua caliente no sólo calienta los pies, sino que además alivia las tensiones en el cuello, las espaldas doloridas y las barriguitas rezongonas. Debemos hacer revivir la bolsa de agua caliente: hemos de sacarla de los cajones y los armarios para restituirle su lugar de honor en la casa.

Comodidad del pie

Fuera de un enorme almacén había un cartel en el que se leía: «Si quieres seguir preocupándote, usa zapatos estrechos». Muy buen consejo.

¿Cuántas veces has oído la expresión: «Los pies me están matando»? ¿Quién no disfruta al volver a casa quitándose los zapatos y andando descalzo o con pantuflas mullidas? La manera en que abusamos de nuestros pies es en verdad un crimen. Los zapatos ajustados y de tacones altos son elegantes pero producen dolor. Y contribuyen a la tensión y a la irritabilidad. Esto se aplica a todo aquello que sea ceñido: pantalones, ropa interior, cinturones. No hay nada de elegante en la incomodidad.

Los pies son muy importantes en nuestra vida. Leonardo da Vinci se refirió a ellos como el mecanismo de ingeniería más grandioso del mundo. Realizan una cantidad increíble de trabajo para nosotros. ¿Por qué no brindarles el mismo cariño e interés que al resto del cuerpo? Cuando éramos niños, los pies estaban sanos y alegres. Observa el pie de un bebé. Verás cuán movedizos son los dedos: se cierran con firmeza, se extienden y doblan constantemente. En realidad, son muy semejantes a las manos, tienen casi la misma amplitud y gama de movimientos.

El modo de recuperar los pies sanos de nuestra niñez consiste en dedicarles más amor y atención. Permite que anden descalzos con más frecuencia, aunque sólo sea sobre la alfombra de tu propio hogar. Además, déjalos de vez en cuando al aire mediante el uso de sandalias, para que los dedos puedan «respirar».

Ofrece a tus pies un poco de ejercicio y estimulación moviéndolos rápidamente más a menudo. ✳Cada vez que estés listo para ponerte los calcetines, levanta éstos con los dedos de los pies. Cuando se haya establecido este hábito placentero, disfrutarás todos los días de ese beneficioso ejercicio.

Compra zapatos más largos y más anchos. Al principio te parecerán grandes y poco elegantes, pero tal sensación pronto será reemplazada por la comodidad y la satisfacción, porque esa falta de elegancia hace posible que tus pies respiren, y permite que los dedos se retuerzan y muevan rápidamente.

La combinación de hormigón y zapatos ha estropeado los pies y la salud de muchas personas. El cemento no cede bajo los pies; por lo tanto, es importante calzar zapatos que otorguen la máxima protección posible contra las superficies duras. Compra zapatos que amortigüen el impacto.

Reconocer que tus pies son importantes es un primer paso positivo para mejorar la salud y la comodidad de los pies. Éstos han de tratarse con respeto. Te llevarás una grata sorpresa al descubrir que en verdad tus pies son buenos amigos. Cuando ellos estén contentos, tú también lo estarás.

Viajes

En los buenos viejos tiempos la gente solía extenuarse como consecuencia de los viajes. En ocasiones sus pies estarían llagados de tanto caminar, o su trasero estaría magullado por saltar en el asiento de un carro arrastrado por caballos. O quizás estuvieran tiesos y doloridos después de forcejear sobre la montura durante muchas horas.

A pesar de que en la actualidad viajar es mucho más confortable y práctico, todavía puede ser una experiencia agotadora, y con frecuencia nos deja tiesos y malhumorados. Permanecer en una posición durante varias horas significa que no recibimos la estimulación necesaria para una buena circulación. En consecuencia, la sangre se acumula en determinadas áreas, contribuyendo así a nuestro malestar. Esta acumulación puede y debe aliviarse.

Si haces un viaje largo en coche, para con frecuencia y camina, estírate, pisa fuerte y logra que la sangre circule nuevamente. Si hay niños contigo, una cuerda para saltar a la comba es un amigo bienvenido durante las paradas destinadas al descanso. Estos intervalos para desentumecerte no sólo evitarán que te quedes tieso y te canses, sino que harán tu viaje más fácil y seguro.

Es común que los trayectos en coche causen dolor en la espalda y en los hombros, debido a la presión constante de la posición en que se conduce, lo que se ve incrementado porque la mayoría de los coches no tienen asientos que sostengan la columna vertebral del modo adecuado. ✻El malestar puede evitarse si se coloca una almohada, una toalla o una manta dobladas en la región lumbar, y si se hace un esfuerzo especial para no apoyarse en el asiento de forma tal que la columna se encorve. Es esta curvatura la que produce el malestar, y con el tiempo puede llevar a serios trastornos en la espalda.

Quienes se trasladan largas distancias en coche, deberían moverse lo más posible, inhalar mucho aire fresco y aconsejar a los demás pasajeros que masajeen la cabeza, el cuello y los hombros del conductor, que es el más inmóvil. Asimismo, los pasajeros de un autocar deberían bajar a caminar cada vez que éste se detenga un rato.

Los pasajeros de un avión no pueden, por supuesto, salir a dar un paseo. Sin embargo, sí es posible que caminen por los pasillos con frecuencia e incluso se estiren unas cuantas veces sin atraer demasiado la atención. Además son vulnerables al «factor tiempo-estrés», que resulta de moverse rápidamente a través del tiempo y el espacio. Estos cambios rápidos y espectaculares –iniciar un viaje en un clima cálido y llegar pocas horas más tarde a un clima frío, por ejemplo– requieren una cuidadosa adaptación. ✻Lo mejor que puedes hacer después de un largo trayecto por vía aérea es ir a dar una larga caminata. Luego echa una breve siesta. Así darás al cuerpo y a la mente el tiempo que necesitan para adaptarse a los cambios de clima, de husos horarios, de gente, etc.

Cuidado de los dientes

Existen muchas teorías sobre cómo cuidar mejor los dientes. Lo que figura a continuación es un modo simple y eficaz para prevenir las caries y el deterioro de las encías.

*Acostúmbrate a enjuagarte los dientes con agua después de cada comida o tentempié. Agita el agua alrededor de la boca, girándola contra las encías, haz gárgaras y luego escupe. Repite dos o tres veces. Así salvarás los dientes de bacterias potencialmente nocivas y, si lo practicas con esmero, ayudarás a prevenir las caries.

Usa hilo de seda dental por lo menos una vez al día. Limpia entre los dientes, quitando todas las partículas alojadas donde el agua no puede llegar. Ten presente que debes utilizar el hilo dental con suavidad; es probable que dañe las encías al forzarlo dentro de los espacios interdentarios.

Cepilla los dientes suavemente con una cantidad moderada de pasta o polvo dentífrico. Cepilla en sentido vertical, apoyando las cerdas en las encías, sobre los dientes, y descendiendo. Recuerda que este movimiento ha de ser suave, y puede efectuarse sosteniendo el cepillo de dientes como un lápiz. El cepillo debe ser blando para que las cerdas no raspen y dañen las encías. El propósito de este cepillado es la leve estimulación de las encías, así como también la limpieza de los dientes.

No pasemos por alto la importancia del ejercicio y de la estimulación apropiados. Al igual que cualquier otra parte del cuerpo, los dientes necesitan ejercicio. Gran parte de éste, por supuesto, se origina en el acto de comer: al masticar la comida, se estimulan las encías y los dientes, lo cual atrae sangre nueva a todas las áreas de la boca. Este tipo de ejercicio parece fácil: a todos nos gusta comer. El problema es que una gran proporción de los tan populares alimentos procesados no requieren la clase de masticación que atrae sangre nueva a los dientes y las encías. Además, comer rápido y tragar la comida antes de masticarla bien, priva a los dientes de una estimulación y un ejercicio esenciales.

La estimulación adecuada surge de masticar frutas y verduras frescas y crudas, como manzanas y zanahorias. El viejo dicho «Una manzana al día mantiene lejos al dentista» es más que un mito. Las manzanas limpian los dientes y al mismo tiempo proporcionan el tipo de ejercicio que los dientes necesitan para estar sanos y libres de caries.

El sueño

Dormir es una de las actividades humanas más importantes y agradables. Pasamos más de un tercio de nuestra vida en la cama, y cómo nos sentimos al levantarnos puede determinar cómo nos sentimos el resto del día. ¿Te despiertas descansado? ¿En ocasiones estás rendido aun después de dormir ocho o nueve horas? ¿A veces te despiertas con tortícolis o dolor de espalda? De ser así, quizá te convenga considerar algunos hechos relevantes que se pasan por alto con frecuencia.

En primer lugar, has de saber que las horas reales de sueño desempeñan un papel vital. Es decir, las ocho horas entre las 10 de la noche y las 6 de la mañana tienen un potencial de reposo distinto del de las ocho horas entre las 2 y las 10 de la mañana. En cada caso el tiempo total de sueño es ocho horas, pero la calidad del reposo puede ser muy diferente. En general, cuanto más se aproxime tu ritmo de sueño al ciclo día/noche, más reparador será tu descanso. Acostarte a las 11 de la noche y levantarte a las 7 de la mañana te deja-

rá más descansado y renovado que acostarte a la 1 de la mañana y levantarte a las 9 de la mañana.

Por supuesto, esto varía según los individuos y las estaciones del año. Es posible convertirse en una persona más nocturna usando la luz eléctrica para alterar el ritmo día/noche. También es verdad que muchas de nuestras actividades diarias no están destinadas a reflejar los cambios del día y de la noche que dependen de las estaciones.

Hay otros factores relevantes que influyen en la calidad del sueño. Tal vez la superficie sobre la que dormimos sea demasiado blanda y no brinde al cuerpo el apoyo imprescindible para un descanso adecuado.

Duerme sobre una superficie rígida; si es necesario, coloca una tabla debajo del colchón.

*La posición que adoptamos al dormir puede ejercer una gran influencia en el sueño. Dormir de costado con una pierna flexionada, tal como se ilustra en la siguiente receta, probablemente sea la mejor postura para el sueño.

Un buen recurso para mejorar el sueño es dejar la ventana un poco abierta. Baja la calefacción en tu dormitorio y agrega mantas a la cama para no sentir frío. El aire fresco es fundamental. Durante ocho horas inhalarás oxígeno puro y beneficioso, que favorece el sueño total y reparador.

El tema del sueño es muy personal. Seis horas pueden ser adecuadas para una persona e insuficientes para otra. La «vida nocturna» actual va en contra de que nos acostemos temprano: numerosas actividades interesantes y esenciales se desarrollan mucho después de que las gallinas se hayan ido a dormir. Sin embargo, a pesar de estos placenteros desarreglos, es posible modificar nuestros horarios para obtener mayor beneficio del tercio de la vida que pasamos en la cama.

La mejor manera de descubrir qué es eficaz para ti consiste en experimentar un poco. Intenta dormir sobre una superficie más dura. Acuéstate una hora antes y levántate una hora antes. Pon otra manta y abre la ventana de tres a seis centímetros. Quizá tengas una grata sorpresa cuando veas que te levantas más descansado y relajado, mejor preparado para afrontar el día.

EL ARTE DE UN SUEÑO NOCTURNO REPARADOR

La técnica de sueño y relajación que se describe a continuación te ayudará a dormir mejor y a levantarte más descansado. Si se practica correctamente, fortificará la columna vertebral y mejorará la postura.

Al principio te resultará difícil. Persevera. Después de unas cuantas noches o siestas te acostumbrarás a la nueva posición y te levantarás con la sensación de satisfacción que da un descanso total y reparador.

1. Acuéstate de espaldas. Eleva la rodilla derecha y al mismo tiempo levanta los brazos a la altura de los hombros.

2. Gira el cuerpo sobre el lado izquierdo mientras bajas los brazos. La pierna izquierda está relajada y la derecha la cruza con comodidad; los brazos, flojos, descansan a los costados del cuerpo. Una almohada entre la pierna que cruza y la cama lo vuelve más sencillo, en especial para quienes tienen molestias en la región lumbar.

3. Ahora pon un cojín o una almohada pequeña debajo de la cabeza; cerciórate de que *no* quede debajo del cuello ni del hombro. Puedes doblar la almohada

para una mejor alineación de la cabeza y la columna vertebral. Si la almohada se situó en el lugar correcto, la cabeza ha de estar un poco inclinada hacia atrás y el mentón un tanto levantado, como si mirara directamente hacia delante.

4. En este momento la cabeza forma una línea ininterrumpida con la columna vertebral, la posición perfecta para todas las actividades diarias. No te apoyes en la parte superior del brazo; descansa firmemente sobre el omóplato, hueso amplio y plano que soporta tu peso.

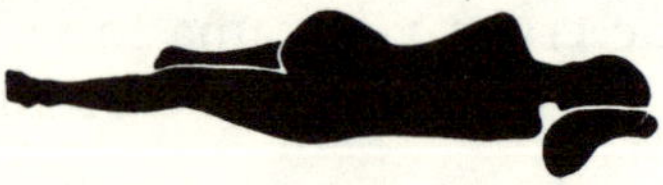

5. Si prefieres acostarte sobre el lado derecho o cambiar de posición mientras duermes, puedes hacerlo: bastará con que inviertas las instrucciones.

Que sueñes con los angelitos…

Cuidado con la espalda

Si eres como la mayoría de las personas, sientes molestias en la espalda de vez en cuando. Los problemas de espalda son muy dolorosos y difíciles de resolver. No es raro que una persona sufra de un dolor de espalda agudo y descubra que desde el punto de vista clínico nada funciona mal. Así es la columna vertebral.

Muchos problemas y lesiones en la espalda pueden evitarse si se aprenden unas cuantas técnicas sencillas sobre el cuidado apropiado de la columna vertebral. Se trata de métodos que ayudan a mantener la columna flexible y sana. Se dice que una persona es sana en la medida en que su columna vertebral es flexible. Entonces, para estar saludable y gozar de una columna elástica que responda a tus necesidades, considera los siguientes consejos.

Aprende a seguir una rutina diaria de estiramiento como la que figura en la página 204. Te ayudará a mantenerte ágil y a prevenir la mayoría de las lesiones de espalda.

Trata de no permanecer demasiado tiempo en la misma posición, ya sea de pie o sentado. Si no puedes evitarlo, haz algún movimiento para no entumecerte. ✻Si debes estar de pie en un lugar durante mucho tiempo, levanta un pie y apóyalo en cualquier objeto que esté a cierta altura del suelo: el travesaño de una silla, una papelera o lo que haya cerca. El diseño de los taburetes de bar se basa en este principio: permiten que los clientes levanten un pie, aliviando así la presión sobre la columna y favoreciendo que permanezcan más tiempo cerca de la barra.

Haz un esfuerzo especial por mantener las rodillas un tanto dobladas y relajadas. Cada vez que pienses en ello, flexiona ligeramente las rodillas. De esta forma aliviarás la presión sobre la espalda y contribuirás a conservar la columna en la postura erguida adecuada.

Cuando te sientes en una silla, hazlo alejado del respaldo, para no apoyarte. Siéntate derecho, con las piernas en ángulo recto con el suelo, o crúzalas a la altura de los tobillos. *Evita cruzar una pierna sobre la otra, ya que ésta es una forma de forzar la columna y de cortar la circulación al producir presión en los vasos sanguíneos.

Quizás al principio estas posiciones nuevas te resulten difíciles, porque los músculos que intervienen para sostener la columna pueden estar débiles a causa de la inactividad. Debes ser tenaz. En unas cuantas semanas descubrirás que puedes sentarte derecho sin apoyar la espalda. Serás recompensado con una columna más resistente y que responde mejor a tus demandas.

Siempre que camines, eleva bastante las rodillas. Existe una arraigada tendencia a arrastrar los pies al andar, por lo tanto éstos nunca dejan de tocar el suelo o apenas se separan de él. Levantando las piernas desde los muslos, automáticamente enderezarás la columna y mejorarás la postura.

Inténtalo. Ponte de pie. Concéntrate en los músculos de la parte anterior del muslo desde la pelvis hasta la rodilla. Éstos son los músculos encargados de la elevación. Levanta una pierna desde el muslo. Muévela hacia arriba y hacia delante, luego bájala. Levanta la otra pierna desde el muslo y bájala. Es la manera correcta de andar. Camina dos o tres veces alrededor de la habitación: levanta cada pie desde el muslo, mantén los dedos extendidos hacia delante, para que los pies no se tuerzan hacia dentro o hacia fuera. Notarás la diferencia: la columna está más derecha; la postura ha mejorado. Con práctica te sentirás más elegante y relajado. Tu espalda agradecerá la diferencia.

En algún momento te habrán dicho que dobles las rodillas antes de levantar algo, pero probablemente ya lo has olvidado. Recordar esta regla tan simple –aunque sólo se trate de inclinarse para coger un lápiz– puede prevenir muchas lesiones serias en la espalda. Siempre, siempre que levantes objetos, dobla las rodillas.

Y cuando tengas el objeto entre las manos, ya sea una naranja o un elefante, mantén la espalda derecha y camina como lo haces cuando no estás cargado: evitarás que sufra la espalda y te permitirá llevar una carga más pesada a mayor distancia antes de cansarte.

Cuando dos personas levantan algo, es esencial que ambas doblen las rodillas y eleven la carga al mismo tiempo. En tales situaciones se producen lesiones con frecuencia porque una de las dos levanta demasiado rápido, pasando más peso y esfuerzo a la otra. Aunque las rodillas de esta última estén dobladas como corresponde, puede hacerse daño debido a la carga y al esfuerzo excesivos.

Cuando lleves algo sobre un hombro o en los brazos, no uses siempre el mismo lado del cuerpo. Esto se aplica tanto a bebés, como a bolsos de mano, productos alimentarios y botellas de vino. Si lo haces, a la larga sufrirás problemas de espalda por el esfuerzo desigual que le exiges a ésta y a los músculos del hombro.

Otro recurso provechoso para prevenir el esfuerzo y las lesiones en la espalda es el de utilizar una barra. Con sólo colgarse de ella unos cuantos segundos diarios –los brazos deben estar bien extendidos–, la espalda se estirará y relajará; así se recuperará poco a poco de la compresión impuesta al sentarnos en sillas y coches. Estas barras ajustables, diseñadas para adaptarse a cualquier puerta, se compran en tiendas de artículos para deportes, o tal vez prefieras colgarte de la rama de un árbol acogedor, como hacen los niños.

Por último, un buen modo de prevenir el esfuerzo de la espalda o de procurarle alivio, consiste en dar un paseo diario... a gatas. Haz esta «caminata cangrejo» con las rodillas lejos del suelo, apoyando sólo las manos y los pies para impulsar el cuerpo. Caminar así, como nuestros amigos los animales, brinda un grato alivio a una espalda fatigada y ayuda a fortalecer importantes músculos, necesarios para la postura erguida normal.

Asimismo, recuerda que la causa de la mayoría de las lesiones en la espalda es la tensión, la incapacidad de relajarse. A fin de evitar problemas en la espalda, es imprescindible que te tomes tiempo para relajarte. Trabaja a un ritmo más lento. Recupera el aliento. Cierra los ojos unos segundos. ¡Al igual que cualquier caballo sano, has de salir a pastorear por lo menos unos minutos al día!

Trata de evitar situaciones que contribuyan a la tensión y la fatiga. *Encógete de hombros varias veces por día, para que ningún problema logre posarse sobre ellos. Gira la cabeza a un lado y a otro, para que ningún mal pensamiento suelto pueda alojarse entre las orejas. Intenta en todo momento mantenerte tan suelto, ágil y relajado como te sea posible. Aprende a ser haragán de vez en cuando.

Enjuague y gárgaras con solución salina

En otros tiempos la sal era considerada la más valiosa de todas las mercancías: se transportaba a lomos de camellos a través de los extensos desiertos y se trocaba por piedras preciosas y enormes cantidades de oro. En la actualidad, desde luego, la sal ha sido relegada a una posición mucho menos gloriosa. Aunque se la emplea con generosidad en la preparación de casi todas las comidas, se la considera un tanto perjudicial, y a menudo se nos recomienda que la utilicemos con moderación.

Sin embargo, persiste un método muy antiguo del uso de la sal marina para limpiar la boca, la garganta y los conductos nasales. *Vale la pena aprender y practicar esta técnica sencilla: enjuague y gárgaras con una solución salina, porque fortifica las encías, previene problemas en los senos nasales, y constituye una medida profiláctica admirable contra resfriados y dolores de garganta. Procede así:

En primer lugar, añade una pizca de sal a medio vaso de agua tibia; asegúrate de que el agua no esté más salada que las lágrimas, si no provocará irritación. Haz gárgaras tres o cuatro veces, enjuagando con la solución toda la boca, para que las encías y los dientes queden bien irrigados. Al hacer las gárgaras, mantén el agua en la garganta el mayor tiempo posible. Esto es relativamente sencillo: he visto a niños de dos años hacerlo con facilidad y entusiasmo. Para obtener mejores resultados, hazlas por la noche, justo antes de acostarte, o varias veces al día cuando sientas el comienzo de un resfriado o dolor de garganta.

Pon un poco de agua salada en la palma de la mano izquierda, tapa el orificio nasal derecho comprimiéndolo con el pulgar derecho y aspira suavemente la solución de agua salada por el orificio nasal izquierdo. Al principio deja burbujear el agua que está allí: de esta forma entrará sólo una pequeña cantidad y te acostumbrarás a esta técnica. A medida que te familiarices con ella, inclina la cabeza hacia atrás y aspira más agua para que pase a través de la nariz y por la garganta. Luego expúlsala por la boca.

Sigue el mismo procedimiento por el otro lado; pon un poco de agua salada en la palma derecha, tapa el orificio nasal izquierdo con el pulgar izquierdo e inhala a través del orificio derecho.

Esta antigua forma de higiene nasal es simple, segura y eficaz. Quienes la practiquen con regularidad serán bien recompensados por sus esfuerzos. Unos pocos granos de sal equivalen a muchos gramos de oro cuando se trata de mejorar la salud cotidiana.

Vista cansada

Es raro que alguien, en algún momento de su vida, no sufra fatiga de la vista o no use gafas; sin embargo, ello es comprensible si pensamos en lo mucho que exigimos a nuestros ojos: leer, ayudarnos a zigzaguear a través de una congestión de tráfico, mirar televisión.

Si bien no es posible evitar todo tipo de cansancio ocular, hay algunas cosas que puedes hacer para prevenir la frecuencia de tal molestia. También hay unas cuantas cosas que puedes hacer cuando la vista está muy cansada.

Para prevenir el cansancio de la vista, es una buena idea dar a los ojos descansos periódicos, alivios breves después de mucho enfoque y concentración. La mejor manera de hacerlo consiste en cerrar los ojos más a menudo, aunque sólo sea unos pocos segundos cada vez. Cierra los ojos, duerme una siesta corta o, si tienes unos minutos, usa las palmas de la manos.

⁕Con las palmas puedes brindar a los ojos una siesta, de un modo sencillo y eficaz. Procede así: quítate las gafas o las lentillas. Frótate las palmas de las manos hasta que estén bien calientes, casi ardientes, ahuécalas de inmediato y ponlas sobre los ojos cerrados, sin presionarlos. Manténlas así durante un minuto, deja que el calor y la oscuridad penetren y alivien los ojos. Éstos se alivien los ojos. Éstos se sentirán sumamente relajados y agradecidos por la pequeña atención.

Casi todos hemos realizado la experiencia de apretar el puente superior de la nariz, en el espacio entre los ojos. Es una manera común y corriente de reducir la fatiga ocular: alivia la tensión en la cabeza. Hazlo. Ahora mismo, mientras estás leyendo este capítulo, quítate las gafas o las lentillas. Aplica presión en esa zona comprimiendo con el pulgar y el índice. Quizá notes que te resulta más difícil concentrarte en las palabras. La lectura se torna menos interesante. Eso es bueno. Aprovecha para no leer durante unos minutos.

Un consejo más para aliviar la vista cansada. La próxima vez que sientas que has fatigado o forzado la vista, intenta parpadear y cerrar los ojos alternativamente. Parpadea rápido tres o cuatro veces, luego cierra bien los ojos. Parpadea tres o cuatro veces más y de nuevo cierra bien los ojos. Alterna estos dos ejercicios y repite seis veces. Para finalizar, deja los ojos cerrados y relajados durante un minuto. Muchas personas hallan un gran alivio con esta técnica sencilla.

Y no olvides a nuestra vieja amiga el agua fresca. Salpicar los ojos con agua fresca cuando están cansados o han sido forzados, suele brindar un alivio casi instantáneo.

Cualquiera que sea la técnica que utilicemos para descansar la vista, es conveniente que recordemos cuán importantes son nuestros ojos. En ocasiones consideramos la visión con tanta indiferencia que olvidamos cuán hermosa y extraordinaria es. La capacidad de ver y percibir cosas con los ojos es un don muy especial. Hemos de proporcionar a los ojos el cuidado que necesitan y merecen. Si los cerramos más a menudo, nos responderán mejor cuando estén abiertos.

Las plantas de interior son buenas para la salud. Despiden un aroma agradable, y disfrutamos al observarlas y alimentarlas. Además mantienen el aire puro, ya que absorben anhídrido carbónico y eliminan oxígeno. En los hogares con plantas verdes el aire es más puro, y sus habitantes se benefician de ello sintiéndose más animados y vigorosos.

No te resultará caro llenar tu casa con esta clase de energía verde. No es preciso que sean especies exóticas; puedes arrancar diversas plantas autóctonas que crecen en tu zona y trasplantarlas a tiestos para tu casa.

También es posible tener un hermoso jardín interior mediante el cultivo de brotes de girasol[1]. Se procede de la siguiente manera: ✻Consigue un cajón pequeño de madera, de ocho o diez centímetros de altura aproximadamente, como los de fruta y verdura. Fórralo con papel de periódico, luego llénalo de tierra a la que has quitado todas las ramitas y piedras grandes. Alisa la tierra «arándola» suavemente con los dedos. Luego humedécela con un riego generoso.

Compra algunas semillas de girasol, comunes, sin sal, sin cocción, que tengan todavía la cáscara o envoltura exterior intacta. Remójalas en agua durante veinticuatro horas.

Después sácalas del agua y disemínalas sobre la franja de tierra recién arada y regada. Pueden estar tan cerca como quieras, incluso tocándose si cayeron así.

Ahora coge un trozo de tela y remójalo en agua fresca. Ponlo sobre las semillas de manera que cubra toda

1. Es posible cultivar trigo sarraceno de una manera muy similar, utilizando «trigo sarraceno para germinación», semillas con la cáscara aún intacta.

la zona cultivada. Durante unos cuantos días mantén mojada la tela echándole agua varias veces al día. A su debido tiempo notarás que la tela es empujada hacia arriba. Significa que las semillas de girasol han germinado. ¡Tu jardín prospera!

Retira la cubierta y di «hola» a tus brotes. Sitúalos cerca de la luz solar. Riégalos con cuidado todos los días. Míralos crecer. Te sorprenderá la rapidez con que empujan hacia arriba; en ocasiones se desarrollan un centímetro o más ante tus propios ojos. Comparte la experiencia con los niños y los amigos.

Cuando los brotes tengan catorce o quince centímetros de altura, estarán listos para comer. Coséchalos: puedes desarraigarlos por el tallo o cortarlos al mismo nivel de la tierra con un cuchillo, tu guadaña para el girasol. Son nutritivos y deliciosos, ideales como complemento exótico de las ensaladas o para un refrigerio rápido. A los niños les encanta como «tentempié de girasol».

Cultivar girasol constituye una experiencia maravillosa. Te brinda la oportunidad de trabajar la tierra en tu propio hogar. Te proporciona el alimento nutritivo que has cultivado con tus propias manos. Refresca y purifica el aire que respiras.

El gran naturalista Charles Darwin estudió el girasol durante muchos años. Observó que durante el día las flores de esta hermosa planta giraban sus caras lentamente, siguiendo el trayecto del sol a través del firmamento. Este movimiento, denominado heliotropismo, se basa en la inclinación y orientación de las plantas y las personas hacia la luz solar.

Capítulo 8

ℜ: La montaña de la juventud

Un hombre joven que estaba mal de salud consultó con los médicos más famosos y eruditos del país. Después de hacerle muchas pruebas complicadas y complejas, le dijeron que padecía una enfermedad muy rara y que sólo le quedaban unas semanas de vida. Le informaron que su única esperanza residía en consultar a un anciano que sanaba a quienes padecían las enfermedades más incurables. El anciano, según dijeron, vivía en la cumbre de la montaña más alta, en el lugar más escabroso e inaccesible del país.

El joven se sentía extremadamente débil por la larga enfermedad. Sus piernas estaban delgadas, su torso frágil y enjuto; sin embargo, tenía una firme voluntad de vivir. Con la ayuda de familiares y amigos, preparó un pequeño morral con provisiones. Lo trasladaron hasta el pie de la montaña, justo hasta el nacimiento de un sendero bordeado de zarzas. Era pleno verano. El sol, abrasador. El joven arrancó unas pocas zarzamoras, se las llevó a la boca y, con sensación de fatiga y decisión, emprendió el ascenso.

Los primeros días fueron arduos y desalentadores para él. Su mente estaba resuelta, pero su cuerpo se resistía. Le resultaba difícil respirar: parecía que el aire que reunía en los pulmones nunca le alcanzaba hasta la siguiente inhalación. Le dolían los pies por la falta de costumbre; estaban hinchados y sensibles por las piedras afiladas que los presionaban a través de los delgados zapatos. Pero persistió. Trepaba unos metros más cada día, chupaba zarzamoras y remojaba los pies doloridos en el agua fresca del arroyo que corría paralelo al sendero. Cada vez que se detenía para aliviar los pies cansados, también se salpicaba la cara y los ojos con agua fresca. Poco a poco esa rociada se transformó en uno de sus mayores placeres; después siempre se sentía vigorizado y se reavivaba su entusiasmo por el viaje. Prosiguió así, reuniendo fuerzas lentamente, hasta que unas semanas más tarde logró recorrer algo más de un kilómetro y medio diario.

Para entonces, casi no le quedaban provisiones, ya que ni a él ni a su familia se les había ocurrido que el trayecto sería tan largo y escabroso. Las primeras semanas, cuando todavía estaba cerca de la civilización, a veces encontraba a algún pastor de cabras que le daba un poco de queso y pan. Pero no era muy frecuente, y luego no vio a nadie. Por necesidad comenzó a recoger alimentos silvestres: verduras, frutos secos, bayas y frutas. Al principio se sentía medio muerto de hambre por esta dieta tan severa, mas al fortalecerse notó que si masticaba más tiempo los alimentos, éstos resultaban más nutritivos. Bebía abundante agua fresca, que le ayudaba a satisfacer el hambre y le nutría.

A un ritmo gradual, casi imperceptible, los días se extendieron en semanas y meses. Por fortuna, el joven llevaba ropa extra, ya que los días eran más cortos y frescos, y debía moverse para mantener el calor corporal. A medida que se aproximaba el invierno, comenzó a dormir en cuevas o en troncos huecos, y llegó a ser muy hábil para encontrar un refugio abrigado y seco para pasar la noche. Como éstas eran frías y por lo general tormentosas, se acostaba temprano y se ponía en camino con las primeras luces.

El sendero, que antes había sido tan fácil de seguir, ahora estaba cubierto de plantas silvestres y barro resbaladizo. Bajo condiciones tan difíciles, el joven se vio forzado a confiar cada vez más en sus instintos. Se convirtió en un observador sagaz de las plantas y los animales que compartían esta ermita aislada; aprendió a saber cuándo habría tormentas por el aroma del aire; a reconocer los hábitos de diversos insectos y animales al observar las alteraciones y los cambios sutiles en la vegetación; a caminar quedamente, casi sin producir sonido alguno, para no asustar a esos animales con su presencia; también aprendió que si se frotaba la piel y la ropa con ciertas plantas silvestres, el olor de su cuerpo se asemejaba más al de la montaña.

El invierno transcurrió lentamente y dio paso a la primavera. El joven nunca había pasado tanto tiempo solo; sus únicos acompañantes eran los animales cuyos rastros seguía y un pájaro amistoso que parecía escoltarle montaña arriba. Cada tanto su mente evocaba a la familia y los amigos, pero el trabajo diario de escalar y sobrevivir le mantenía demasiado ocupado para dedicarle mucho tiempo al pasado. En los momentos de duda o frustración pensaba en el anciano que moraba en la cumbre de la montaña y que podría curarle. Esta visión le proporcionaba inspiración constante para continuar el arduo trayecto.

La cumbre de la montaña era plana como la tabla de una mesa y parecía ser un refugio para halcones, que daban vueltas por encima, subían a gran velocidad flotando en las corrientes de aire caliente, luego bajaban con lentitud, se elevaban y descendían otra vez. Eran tan serenos y ligeros como el viento, y el joven pasó mucho tiempo tendido de espaldas, contemplando cómo ejecutaban esa hermosa danza.

Las nubes, espléndidas y esponjosas, flotaban cerca y a través de él, hasta que comenzó a sentirse tan próximo a los cielos como distante de la tierra. Fue un momento de silencio y reflexión.

La tabla no era extensa. La recorrió en todas direcciones, miró detrás de las rocas y los matorrales, y gritó con todas sus fuerzas para que el anciano que él había ido a consultar supiera que había llegado. Mas no había signos de vida, sólo el eco de su propia voz, que rebotaba en las rocas y regresaba misteriosamente a sus oídos. De hecho, no existían indicios de que alguien hubiera vivido antes allí; no encontró un refugio, huellas, nada que indicara que la tierra o la vegetación hubiesen sido alteradas por la presencia del hombre.

Primero el joven se sintió irritado y muy decepcionado; maldijo al anciano por no estar allí y golpeó los pies con furia contra la tierra endurecida. Se había esforzado tanto por llegar y ahora no había nadie con quien consultar, nadie que le curara de su terrible enfermedad. Pero al cabo de unos días de infructuosa búsqueda y preocupación, dejó de pensar tanto en el anciano y reflexionó sobre la calma y la serenidad que sentía en ese momento. Esa sensación era novedosa, algo que jamás había experimentado. La vida allá abajo había estado cargada de tanto sufrimiento y estrés, y el viaje había sido tan largo y difícil, que fue un gran alivio relajarse y disfrutar de la tranquilidad de la montaña. Además, estaba demasiado ocupado para meditar mucho tiempo sobre su decepción o soledad. Tenía que buscar alimentos todos los días; descubrió una colmena de abejas silvestres en un tronco; extrajo un poco de miel, y les dejó abundante cantidad para el invierno. Secó grosellas y zarzamoras; construyó una choza con ramas y tepes.

Así fue transcurriendo una estación tras otra. El pasado se transformó en presente, y pronto sólo recordaba aquél a través de ciertos incidentes en la montaña: la primavera en que vio un avión a lo lejos; el verano en que un enjambre de abejas se posó sobre una rama de pino; el otoño en que el ciervo comenzó a comer de sus manos; el invierno en que construyó un iglú; el mismo invierno durante el cual varios ciervos murieron de hambre. La vida no era fácil, pero sí plena: aunque él no la hubiese elegido, aceptó la situación y el hecho de que era la suya.

Un día, muchos años después, el joven oyó voces humanas en la ladera de la montaña. Se sintió muy emocionado y corrió en todas direcciones para dilucidar de dónde provenían las voces e imaginar a quiénes pertenecían. También sintió temor. Estaba tan acostumbrado a los sonidos del viento y los cantos de los pájaros, que los ruidos que ahora llegaban a sus oídos le resultaban extraños y aterradores. Había pasado mucho tiempo sin pronunciar palabras, aunque era capaz de imitar a casi todos los pájaros y de oír, oler y percibir prácticamente cualquier cosa que ocurriera en la cima de la montaña.

Las voces se volvieron más fuertes y claras. El joven comenzó a pensar en su apariencia. ¿Qué aspecto tenía? Hacía años que no se afeitaba ni se daba un buen baño. ¿Su aspecto desaseado asustaría a esas personas? Corrió al manantial, se aclaró todo el cuerpo con agua fresca y se acomodó el pelo hacia atrás con los dedos. A pocos pasos del burbujeante manantial se extendía una pequeña laguna, donde un tejón había construido un dique con barro y ramas. Avanzó hacia la laguna a toda prisa, se inclinó y contempló su propio reflejo en el agua apacible y silenciosa. ¡Cuánto había cambiado! Su cuerpo se veía firme y curtido por los prolongados inviernos en la montaña. Estaba esbelto como una gacela, y su piel era tan brillante y clara como el arroyo. Su cabello, largo y enredado, le llegaba casi hasta la cintura. Su rostro estaba oculto detrás de una barba gris enmarañada, que acumulaba ramitas y desperdicios, como si se dispusiera a albergar el nido de un pájaro.

Cuando regresó a la choza, los extraños ya se encontraban allí, sentados fuera, sobre las grandes rocas. No dijeron nada; durante unos minutos los viajeros y el anciano sólo se miraron, compartieron el silencio de la montaña, la danza del viento, la música que susurraban los árboles. Los viajeros le ofrecieron algunas provisiones especiales de allá abajo y observaron divertidos mientras él probaba, olía y frotaba cada cosa como si fuera una piedra preciosa.

Luego le relataron la historia de su propio viaje, largo y difícil, hacia la cumbre de la montaña: cómo habían emprendido la ascensión muchos años antes, débiles y a punto de morir, con la esperanza de encontrar al famoso anciano que podría curarlos de sus terribles dolencias. Y ahora, por fin, después de tantas penurias y sufrimientos, estaban aquí, rebosantes de júbilo por haber hallado a este anciano del que tanto habían oído hablar, que tan famoso era por curar enfermedades incurables. Aunque ahora, por fortuna, no necesitaban sus servicios, ya que el largo y difícil viaje les había restituido una salud perfecta.

Apéndices

Apéndice A

Cuestionario para la autoevaluación de la salud

- Califica cada pregunta según la puntuación que corresponda. Quizá quieras registrar tu puntuación en la tabla de resultados de la página 196.
- La puntuación total indicará tu calificación, página 198.
- Observa que las preguntas 2, 3, 5, 10 y 15 tienen la puntuación máxima. Son las piedras fundamentales de la auténtica salud, y se denominan preguntas fundamentales.
- La explicación de cada pregunta es importante para ayudarte a seleccionar la puntuación más exacta. Se aconseja que toda la familia participe.
- Si lo prefieres, utiliza el sistema de calificación basado en el pellizco y la caricia.

1. *Resistencia*

¿PUEDES CAMINAR VIGOROSAMENTE DURANTE UNA HORA SIN DETENERTE? ¿HACES ESTO O SU EQUIVALENTE[1] CON REGULARIDAD?

1. Ejercicios equivalentes: Caminar con vigor: 60 minutos – Ir en bicicleta (subir y bajar cuestas) con vigor: 16 kilómetros – Correr como los ni-

Esto plantea la cuestión de la resistencia o el aguante físico: el tiempo que tu cuerpo es capaz de esforzarse sin fatigarse o agotarse. Por ejemplo, si subir un tramo de escaleras o correr para alcanzar el autobús te deja sin aliento, sin duda no estás es muy buen estado.

La distancia que puedes andar, o el tiempo que puedes saltar a la comba o cavar, son tan importantes como la regularidad y el vigor con que lo haces. ¿Cuántos días por semana caminas? ¿Andas con brío, con un esfuerzo auténtico?

Calificación

Eres capaz de caminar con vigor durante una hora, y hacer esto o su equivalente con regularidad (de tres a cuatro veces por semana)	Te corresponden 50 puntos y una caricia
En algún punto intermedio	20-40 puntos
Te cansas de sólo pensar en caminar dos kilómetros	10 puntos y un pellizco

2. *Flexibilidad*

A: CUANDO ESTÁS DE PIE, CON LOS PIES JUNTOS, ¿TE RESULTA FÁCIL TOCAR EL SUELO CON LAS MANOS SIN DOBLAR LAS RODILLAS?

ños: 30 minutos – Nadar rápido: 800 metros – Saltar a la comba: 15 minutos – Hacer un trabajo manual vigoroso (como cortar leña): 30 minutos.

B: ¿TE RESULTA FÁCIL RENUNCIAR A ALGO QUE SIEMPRE HAS DESEADO UNA VEZ QUE LO CONSIGUES?

El propósito de esta pregunta es descubrir cuán fácil y airosamente responden tu cuerpo y tu mente cuando te ves obligado a ser flexible. El cuerpo flexible más la mente flexible equivalen a una buena salud.

Por ejemplo, cuando quieres levantar muebles, ¿corres el riesgo de forzar un músculo o la espalda? Cuando llegan visitas de improviso o la bolsa de valores sufre una caída repentina, ¿puedes enfrentarlo?

La flexibilidad corporal y la flexibilidad mental son dos caras de la misma moneda. Todos sabemos cómo nos sentimos cuando tenemos el cuello rígido por las preocupaciones, y dolor de espalda a raíz de una situación tensa y frustrante.

Calificación

A: Flexibilidad física

Las palmas de la mano se apoyan en el suelo con facilidad; con la flexibilidad de un niño que da volteretas	Te corresponden 50 puntos y una caricia
En algún punto intermedio	20-40 puntos
Las yemas de los dedos llegan hasta las rodillas	10 puntos y un pellizco

B: Flexibilidad emocional

Te recuperas bien de las pérdidas y los cambios.	50 puntos y una caricia

En algún punto intermedio	20-40 puntos
Te alteras con facilidad; tiendes a ser bastante frágil	10 puntos y un pellizco

3. *Relajación*

¿TE DAS TIEMPO PARA RELAJARTE CADA DÍA?

¿Eres una de esas personas que nunca encuentran tiempo para relajarse? Es interesante que la palabra *relax* provenga de las palabras *re*, que significa hacer nuevamente, y *lax*, que significa aflojar. ¿Eres capaz de «aflojarte nuevamente» a diario, o te pones más tieso y más tenso a medida que avanza el día?

En este punto resulta útil describir la experiencia de un paciente, la señora C. F., de sesenta y dos años, a quien su familia, preocupada, llevó a la clínica del autor. Durante muchos años se había quejado de temblores, insomnio y ansiedad. En realidad, era una aprensiva persistente, y estaba tan acostumbrada a preocuparse, que ya formaba parte «natural» de su vida. Casi nunca se permitía la libertad de relajarse. Le agradaba ir a la ópera, pero le preocupaba la posibilidad de quedarse dormida durante la función, así que siempre regalaba las entradas. Llegó a ser evidente que ir a la ópera era sin lugar a dudas la «medicina» que necesitaba. Cuando llegó la fecha de la siguiente ópera, siguió nuestra receta: concurrió con un amigo y se permitió quedarse dormida.

Más adelante, en una visita de control, informó que la oportunidad de aflojarse otra vez bien valía la parte que se había perdido de *Madame Butterfly*. Desde el punto de vista clínico, el cuerpo estaba menos tenso, el sueño había mejorado y los temblores se habían calmado. Y lo más importante, había aprendido a hacer *re-lax* nuevamente.

Calificación

Todos los días te permites relajarte como un gatito que dormita al sol	Te corresponden 100 puntos y una caricia
En algún punto intermedio	20-90 puntos
A menudo tenso como una cuerda, sin darte una oportunidad para relajarte	10 puntos y un pellizco

4. *Excesos en las comidas*

¿COMES EN EXCESO?

Comer en exceso disminuye muchísimo nuestras posibilidades de gozar de buena salud.

Dar al organismo más comida de la que necesita es como agregar al motor del coche una mezcla de combustibles demasiado fuerte: después de un tiempo es incapaz de utilizar este combustible, y funciona con menor eficacia.

La cantidad de alimentos que el cuerpo necesita es el resultado de la proporción que somos capaces de quemar, de lo bien que los asimilamos, de nuestro estado de salud, etc. Por ejemplo, una persona que camina cinco kilómetros por día quemará más energía que una persona de vida menos activa. Lo esencial es que la persona más activa utilizará mejor lo que incorpore al organismo.

La cantidad de alimentos que la mente nos permite pensar que necesitamos depende de otros factores. Una persona que está nerviosa y tiene muchos problemas quizá no se sienta bien alimentada sin importar lo mucho que coma, mientras que una persona que está tranquila y se satisface con facilidad puede alimentarse bien con una cantidad moderada.

Calificación

Comes con moderación y siempre te alejas de la mesa con un poco de apetito	Te corresponden 50 puntos y una caricia
En algún punto intermedio	20-40 puntos
Comes sin cesar, pero rara vez sientes que has ingerido lo suficiente	10 puntos y un pellizco

5. *Eliminación*

¿LA ELIMINACIÓN ES FÁCIL Y REGULAR?

Aunque muchos suponen que la eliminación se realiza a través del intestino, ha de tenerse presente que existen otros medios de eliminación importantes: los riñones y la vejiga, la piel y las glándulas sudoríparas, los pulmones y, otra forma que a menudo se pasa por alto, las emociones. En cuanto a la eliminación emocional respecta, un interesante caso familiar podría servir para ilustrar la cuestión.

Cierta familia experimentaba una gran pena causada por la pérdida de un pariente cercano. Su sufrimiento era silencioso y aumentó en intensidad. En su visita a la clínica, se rompió el hielo cuando los niños se echaron a llorar, lo que dejó escapar un torrente de lágrimas por parte de todos y más adelante produjo un gran alivio de los malestares físicos, a raíz de los cuales habían visitado al médico. Esta liberación de la tensión emocional fue una eliminación considerable de las toxinas emocionales reprimidas.

A menudo olvidamos lo que significa una buena eliminación. *En condiciones normales de salud deberíamos gozar de una evacuación del intestino por cada comida completa que ingerimos. En general, si consumimos tres comidas importantes al día, hemos de tener tres evacuaciones intestinales.

Si bien hay diferencias individuales, quienes estén más sanos y relajados evacuarán el intestino con mayor facilidad y frecuencia; el organismo extraerá las sustancias nutritivas que necesita y la eliminación será simple y rápida.

Calificación

A: Eliminación intestinal

Las evacuaciones son tan frecuentes y regulares como el mecanismo de un reloj, sin laxantes	Te corresponden 50 puntos y una caricia
En algún punto intermedio	20-40 puntos
Las evacuaciones son irre-	10 puntos y un pellizco

gulares, muy seguidas o muy espaciadas; debes esforzarte para evacuar el intestino	

B: Eliminación emocional

Eres capaz de descargar la tensión emocional sin herirte a ti mismo ni a otros	Te corresponden 50 puntos y una caricia
En algún punto intermedio	20-40 puntos
Tienes gran dificultad para descargar los sentimientos de un modo constructivo	10 puntos y un pellizco

6. Postura

¿ADOPTAS UNA POSTURA DESGARBADA?

¿Eres una de esas personas que siempre necesitan algo donde apoyarse? Cuando entras en una habitación, ¿buscas de forma automática una silla, un cojín, un sofá o una pared donde sustentarte?

Un cuerpo que se acomoda bien puede mantener una postura adecuada sin que lo apuntalen. Tiene la sensación y la apariencia de serenidad y agilidad. Se mueve con gracia, no se cansa con facilidad y reposa cómodamente, listo para levantarse de un salto cuando es preciso, como un gato.

La buena postura es esencial para la buena salud: influye en la respiración, la vitalidad y la actitud. Cuando el cuerpo está derecho y erguido, nos resulta más sencillo respirar, tenemos mayor energía y nos sentimos más positivos.

¿Cómo lograr una buena postura? A lo largo de este libro se te recuerda que debes estar de pie y sentarte derecho: mientras te bañas, comes, caminas, lees esta oración, en todo momento. Al ser conscientes de nuestra postura y al realizar un esfuerzo para mejorarla, daremos un paso fundamental para estar saludables.

Calificación

Tienes buena postura; no necesitas puntos de apoyo; no sueles adoptar una postura desgarbada	Te corresponden 50 puntos y una caricia
En algún punto intermedio	20-40 puntos
Tiendes a estar desgarbado la mayor parte del tiempo	10 puntos y un pellizco

7. Peso corporal

¿TE SIENTES CÓMODO CON LA DISTRIBUCIÓN DE TU PESO CORPORAL?

¿Tienes una balanza en el baño? ¿Te subes a ella con sumo cuidado, con la esperanza de que no piense que eres demasiado pesado o demasiado ligero? Y aunque estés convencido de que tu peso corporal es correcto, ¿está bien distribuido?

Existen muchas opiniones sobre cuál es el peso ideal para cada persona. A menudo tiene que ver con la facilidad con que nos ponemos la ropa. ¿Acaso no hemos oído decir alguna vez: «Perderé peso hasta que pueda volver a la talla cuarenta y dos»? Para algunos es cuestión de usar determinada talla; otros quizás estén satisfechos con su peso porque consideran que tienen huesos grandes o huesos pequeños.

Por último, desde luego, sabemos cuándo soportamos más peso del necesario. No nos hace falta una balanza, un espejo ni una gráfica de la compañía de seguros para informarnos que estamos rollizos acá y allá; podemos sentirlo.

Calificación

Esbelto como una gacela	Te corresponden 50 puntos y una caricia
En algún punto intermedio	20-40 puntos
Tiendes a tener zonas rollizas y flojas acá y allá	10 puntos y un pellizco

8. Abdomen

¿EL ABDOMEN ESTÁ FLOJO?

Los músculos abdominales firmes son la base de la buena salud, y un abdomen flojo suele ser una señal de músculos abdominales débiles. Son beneficiosos para un abdomen firme: buena postura y respiración, digestión y eliminación apropiadas, la columna vertebral relajada y flexible, y órganos internos tonificados.

La siguiente prueba sirve para evaluar en qué medida son sanos tus músculos abdominales. Tiéndete de espaldas, con los brazos pegados a los costados. Mantén las piernas derechas, y sin doblar las rodillas, levanta las piernas unos treinta centímetros. ¿Eres capaz de sostenerlas así durante treinta segundos?

Calificación

Puedes coger poco más de un centímetro, debajo del ombligo, con el pulgar y el índice	Te corresponden 50 puntos y una caricia
En algún punto intermedio	20-40 puntos
Sientes que llevas ahí un «michelín»	10 puntos y un pellizco

9. Enfriamientos

¿TE ENFRÍAS CON FACILIDAD?

Si te enfrías con facilidad, si frecuentemente te resfrías con los cambios climáticos, no soportas el agua y el aire fresco sobre la piel, y las manos y los pies se te ponen fríos en seguida, tu circulación necesita un tónico.

La mala circulación significa que la sangre no llega a las diferentes partes del cuerpo de un modo adecuado. Sin el suministro continuo de sangre renovada, tu cuerpo no recibe el oxígeno esencial para formar células nuevas y saludables, para mantener un alto nivel de resistencia, para que estés siempre pletórico de bríos y vitalidad.

Los niños de mejillas rosadas son una prueba constante de los beneficios de la buena circulación: tolerancia a los cambios bruscos de clima, manos y pies calientes, y restablecimiento rápido de resfriados ocasionales.

Calificación

Toleras las bajas temperaturas con facilidad	Te corresponden 50 puntos y una caricia
En algún punto intermedio	20-40 puntos
No toleras las bajas temperaturas; nunca te consideras lo bastante cerca de una fuente de calor	10 puntos y un pellizco

10. Sueño y estrés

¿DISFRUTAS DE UN SUEÑO NOCTURNO REPARADOR Y TE DESPIERTAS BIEN DESCANSADO SIN TOMAR PASTILLAS PARA DORMIR?

Los signos reveladores de alguien que tiene cada vez más dificultades para hacer frente al estrés son: comerse las uñas, rascarse la piel o el cuero cabelludo, tener el rostro contraído de cansancio y, el síntoma más importante, dormir mal.

Calificación

Te levantas todos los días lleno de empuje y vigor	Te corresponden 100 puntos y una caricia
En algún punto intermedio	20-90 puntos
Tienes dificultades para dormir a la noche; a menudo te sientes cansado durante el día	10 puntos y un pellizco

11. *Malestares comunes*

¿CON QUÉ FRECUENCIA TIENES DOLENCIAS COMUNES, MALESTARES DIARIOS QUE LA MAYORÍA CONSIDERAMOS «NORMALES» (DOLOR DE CABEZA, TRASTORNO ESTOMACAL, DOLOR DE ESPALDA, CONGESTIÓN SINUSAL, ESTREÑIMIENTO, ETC.)?

Cada tanto todos padecemos alguna molestia menor; sin embargo, cuando esto ocurre repetidas veces, hemos de prestar atención a las señales de una salud que se debilita poco a poco.

Calificación

Es raro que sufra una dolencia común	Te corresponden 50 puntos y una caricia
En algún punto intermedio	20-40 puntos
Eres el mejor cliente del farmacéutico	10 puntos y un pellizco

12. *Toxinas*

¿TE EXPONES CON REGULARIDAD A TOXINAS CONOCIDAS, COMO QUITAMANCHAS, TINTURAS, MATERIALES RADIACTIVOS, HUMO, RAYOS X, ALTOS NIVELES DE RUIDO, ETC.?

La lista de toxinas relacionadas con ciertas enfermedades llenaría varios libros. Todas las semanas se prohíbe, modifica o reexamina una sustancia por sus efectos potencialmente nocivos. Como cada vez es más difícil evitar el contacto con estas toxinas, tanto en el campo como en la ciudad, nos compete a nosotros reducir nuestra exposición a ellas y aumentar nuestra resistencia física. Si contamos con un bajo nivel de resistencia, hasta la exposición más leve puede afectar gravemente nuestra salud. Por otra parte, si nuestro nivel de resistencia es elevado, tenemos mayores probabilidades de seguir sanos.

Calificación

Dado que es difícil medir y controlar la exposición a las toxinas, date a ti mismo un pellizco y ponte un cero... como recordatorio de que hasta el más cuidadoso se expone cada día a más formas de contaminación.

13. *Exceso y moderación*

¿VIVES UNA VIDA DE EXCESOS?

¿Quién es capaz de decir qué se entiende por exceso? ¿Cuáles son los límites entre la moderación y el exceso de un individuo a otro? ¿Cuándo suficiente se transforma en demasiado? ¿En qué momento una persona que hace ejercicio comienza a sufrir de exceso de ejercicio?

Son preguntas difíciles. Para una persona, un par de cervezas al día es una cantidad moderada, para otra es una cantidad excesiva. Para uno, correr ochocientos metros es un juego de niños, para otro significa una prueba severa. Por ejemplo, si fumar contribuye a tu irritabilidad, tos y esputo, es excesivo sin importar cuántos cigarrillos fumes.

Calificación

Sí, yo sé cuándo he tenido suficiente	Te corresponden 50 puntos y una caricia
En algún punto intermedio	20-40 puntos
Más nunca es suficiente	10 puntos y un pellizco

14. Satisfacción por la salud

¿ESTÁS SATISFECHO DE TU ESTADO DE SALUD ACTUAL?

Algunos no necesitamos demasiado para estar satisfechos: la prevención de las enfermedades más graves y un resfriado ocasional pueden parecernos un nivel de salud muy bueno. Otros no se sentirán complacidos si no gozan de una salud plena de vitalidad. Y muchos están satisfechos sólo porque no se dan cuenta de que pueden lograr mejores niveles de salud.

Cualquiera que sea el nivel de salud al que aspiramos, ya sea gozar de la vitalidad propia de una criatura o prevenir un mal que nos debilita, lo fundamental es que debe complacernos.

Calificación

Muy satisfecho	Te corresponden 50 puntos y una caricia
En algún punto intermedio	20-40 puntos
Insatisfecho: por lo tanto, con una fuerte motivación para mejorar	¡50 puntos y una caricia!

15. Felicidad

¿ERES FELIZ?

El tío Pedro se siente feliz cuando brilla el sol. La tía María prefiere la lluvia. El hermano Juan vive en Portugal, el hermano Jaime en España. Llueva o salga el sol, la felicidad es algo que cada uno de nosotros debe definir.

Cuando las cosas marchan mal, cuando es difícil encontrar una sonrisa, necesitamos estímulo, que alguien nos coja una mano y diga: «Eres una buena persona. Sigue así. Tu vida tiene sentido. No te preocupes. Sé feliz».

La felicidad, al igual que la risa, a menudo ha sido denominada la mejor medicina. Se sabe que ha curado enfermedades que no respondían a ningún tratamiento. Hace unos años, un médico francés abrió una clínica de la risa y la felicidad, donde la gente aprendía a reírse y divertirse. La clínica tuvo un gran éxito.

La felicidad es contagiosa. Cuando somos felices, transmitimos nuestros sentimientos positivos a quienes nos rodean.

Calificación

Satisfecho y feliz la mayor parte del tiempo	Te corresponden 100 puntos y una caricia
En algún punto intermedio	20-90 puntos
Un payaso triste	10 puntos y un pellizco

Tabla de resultados de la autoevaluación de la salud

* Preguntas fundamentales

	PELLIZCOS	CARICIAS	PUNTOS
1. Resistencia			
*2. A: Flexibilidad (física)			
*2. B: Flexibilidad (emocional)			
*3. Relajación			
4. Excesos en las comidas			
*5. A: Eliminación (intestinal)			
*5. B: Eliminación (emocional)			
6. Postura			
7. Peso corporal			
8. Abdomen			
9. Enfriamientos			
*10. Sueño y estrés			
11. Malestares comunes			
12. Toxinas			
13. Exceso y moderación			
14. Satisfacción por la salud			
*15. Felicidad			
TOTALES			

Evalúate otra vez después de seis meses.

Tabla de resultados de la autoevaluación de la salud

* Preguntas fundamentales	PELLIZCOS	CARICIAS	PUNTOS
1. Resistencia			
*2. A: Flexibilidad (física)			
*2. B: Flexibilidad (emocional)			
*3. Relajación			
4. Excesos en las comidas			
*5. A: Eliminación (intestinal)			
*5. B: Eliminación (emocional)			
6. Postura			
7. Peso corporal			
8. Abdomen			
9. Enfriamientos			
*10. Sueño y estrés			
11. Malestares comunes			
12. Toxinas			
13. Exceso y moderación			
14. Satisfacción por la salud			
*15. Felicidad			
TOTALES			

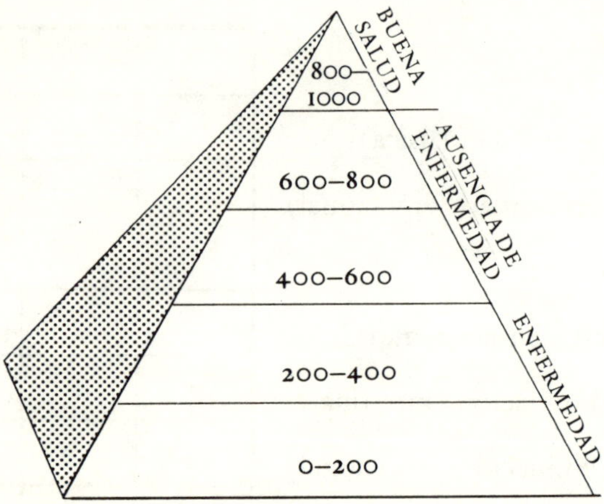

800-1.000: EXCELENTE

Te encuentras cerca de la cúspide de la pirámide de la salud. Espero que tu alta puntuación provenga de por lo menos tres buenas notas en las preguntas fundamentales (2, 3, 5, 10 y 15). Éstas son las piedras fundamentales de la auténtica salud.

Como ya sabes, la buena salud requiere una práctica diaria: no hay límite para la flexibilidad, la vitalidad y la felicidad. Aunque hayas obtenido una buena puntuación, es probable que todavía existan áreas en las que debes mejorar. Tal vez, por ejemplo, seas muy flexible y feliz, pero tengas un abdomen débil. Este libro te enseñará a mejorar tu salud y, algo quizá más importante aún, a mantenerla.

600-800: PROMEDIO ALTO

Es obvio que obtuviste la puntuación máxima en algunas preguntas, pero no la suficiente en el resto. Analiza otra vez las preguntas 2, 3, 5, 10 y 15: son áreas de salud esenciales en las que por lo general hace falta mejorar.

Una puntuación máxima (100 puntos) en sólo dos preguntas fundamentales más, te elevará a la auténtica salud. Puede ser que lo logres con sólo mejorar la relajación o la eliminación. Este libro te ayudará a llegar allí.

400-600: TÉRMINO MEDIO

Significa que es improbable que hayas obtenido una puntuación alta en las preguntas fundamentales (2, 3, 5, 10 y 15), los bloques más importantes en la pirámide de la salud.

Asimismo, si tu puntuación total en las preguntas fundamentales fue de 300 o más, tu calificación resultó muy baja en las otras diez preguntas. Tienes al alcance de la mano la salud auténtica: ¡esfuérzate por alcanzarla! Sigue las recetas de este libro y tendrás gratas sorpresas a medida que mejora tu puntuación.

200-400: POR DEBAJO DE LA MEDIA

Te encuentras en la base de la categoría de ausencia de enfermedad. En el mejor de los casos, obtuviste una buena puntuación en una sola de las preguntas fundamentales (2, 3, 5, 10 y 15), los bloques más importantes en la pirámide de la salud. Además, tu rendimiento en el resto de la evaluación no está más allá de la media.

Tu pirámide de la salud descansa sobre cimientos que requieren consolidación. Sigue las recetas de este libro.

MENOS DE 200: ENFERMIZO

Tu puntuación en las preguntas fundamentales es demasiado baja: indica un estado crítico. Ellas representan los bloques que conducen a la buena salud.

Tu rendimiento en el resto de la evaluación también fue insatisfactorio. Aunque no presentes los síntomas clásicos de una enfermedad, tu pirámide de la salud está débil y en peligro de un colapso.

Lee este libro con mucha atención. Tienes los instrumentos para mejorar tu salud, y el libro puede enseñarte a utilizarlos.

¡Enhorabuena! Has completado el cuestionario de evaluación de la salud y ahora has de comprender mejor qué es tu auténtica salud.

Si estás resplandeciente por tantas caricias, ¡sigue así! Sin duda has conservado muchos de los atributos saludables de la niñez.

Si estás dolorido después de tantos pellizcos, por favor no te desanimes. Este libro te dará los elementos imprescindibles para recobrar y restablecer los principios de la buena salud.

Y si eres como la mayoría de las personas que hacen este examen, tu salud y vitalidad quizá se hallen en algún punto intermedio entre un pellizco y una caricia: te consideras sano sólo porque no estás enfermo.

Pero, ¿eso es suficiente? ¿De veras estás satisfecho de

vivir libre de enfermedades y molestias, pero sin vitalidad y vigor auténticos? Si no estás satisfecho por completo y aspiras a más –sin el gasto y el tiempo que demandan las pastillas, los aparatos para mejorar la salud, las dietas especiales y los medicamentos–, lee este libro con atención. Cada capítulo constituye una receta para la buena salud. Si sigues dichas recetas con regularidad y entusiasmo, pronto volverás a descubrir algunos viejos amigos de la infancia: piel tersa, buena digestión y sueño nocturno reparador: signos infalibles de que vas camino de la auténtica salud.

Apéndice B

Programas para mejorar la salud

1. FLEXIBILIDAD GENERAL página 204
Estiramientos leves para que tu cuerpo y tu mente estén ágiles y flexibles
2. CAMINATA VIGOROSA página 211
Un programa gradual que garantiza un estado cardiovascular óptimo y gran placer
3. MEJORAMIENTO DE LA ELIMINACIÓN Y FORTALECIMIENTO DE LOS MÚSCULOS ABDOMINALES página 213
Movimientos que favorecen la evacuación
4. LOS CINCO EJERCICIOS MÁGICOS página 214
Un tónico para despabilarse por la mañana
5. DESCANSOS CON EJERCICIOS EN LA OFICINA página 217
Un programa fácil para las personas con tiempo limitado y mucha imaginación

Advertencias sobre los ejercicios

- Mientras haces los siguientes ejercicios, mantén siempre las rodillas un tanto flexionadas, nunca rígidas.
- Si la espalda te duele o está débil, evita los ejercicios

que exigen torsión hasta que mejore tu estado físico.
- Si tienes algún problema que limita tu capacidad de movimientos, consulta con tu médico antes de comenzar el programa.

1. *Flexibilidad general*

Estos movimientos han de ser lentos y rítmicos. Nunca debes forzar el cuerpo para adoptar una posición determinada. Evita los movimientos rápidos y bruscos; mantén siempre las rodillas un tanto dobladas.

A medida que estos ejercicios te resulten más fáciles, practícalos más veces y mantén cada posición durante más tiempo. Cuando llegues al último ejercicio, trata de repetirlos en orden inverso: comienza por el número 10 y termina por el número 1.

Estos movimientos sirven de tónico general. Si los haces con atención y regularidad, tonificarán y fortalecerán tus músculos, y contribuirán a mejorar tu salud considerablemente.

ESTIRAMIENTO 1

- Ponte de pie con los brazos extendidos a la altura de los hombros.

- Mueve los dedos de los pies hacia fuera y mantén los pies planos sobre el suelo.
- Mantén la espalda derecha, dobla las rodillas todo lo que puedas sin levantar los talones.
- Trata de mantener las rodillas directamente sobre los dedos de los pies.
- Si el equilibrio te resulta difícil, puedes sujetarte de un mueble firme.
- Repite varias veces.

ESTIRAMIENTO 2

- De pie, con los pies a unos 30 centímetros de distancia entre sí.
- Mueve la cadera derecha hacia fuera, lo más lejos posible.
- Desliza la mano izquierda hacia abajo de la pierna izquierda, lo más lejos que puedas.
- Mantén la espalda derecha.
- Cambia de lado.

ESTIRAMIENTO 3

- De pie y con los pies separados a igual distancia que la amplitud de los hombros, las rodillas un tanto flexionadas.
- Mientras exhalas por la nariz, inclínate hacia delante desde la cintura y cógete con las manos las rodillas o los tobillos, lo que te resulte más fácil. No te esfuerces.
- A medida que inhalas por la nariz, endérezate con lentitud al tiempo que levantas los brazos por encima de la cabeza.
- Separa bien los brazos e inclínate un tanto hacia atrás; tampoco te esfuerces en este caso.

ESTIRAMIENTO 4

- Extiende los brazos a la altura de los hombros y sujétate ligeramente a un punto de apoyo, como un mueble firme o una pared.
- Mantén la espalda y la pelvis derechas, desliza un pie a lo largo de la parte interior de la pierna que apoya y llévalo hasta una altura que te resulte cómoda.
- A la altura máxima de ese movimiento, endereza la pierna en el aire al mismo tiempo que flexionas los dedos de los pies y estiras toda la pierna.
- Sostén y luego baja la pierna sin doblar la rodilla.
- Repite varias veces con cada pierna.

ESTIRAMIENTO 5

- Siéntate en el suelo con las rodillas hacia fuera y los talones juntos.

- Apoya las manos en los tobillos y poco a poco mueve la parte superior del cuerpo, desde la cintura, hacia delante, en dirección a los pies. Conserva la espalda derecha y no te esfuerces.
- Mantén esta posición durante diez segundos, mientras inspiras y espiras por la nariz, lentamente.
- Repite unas cuantas veces.

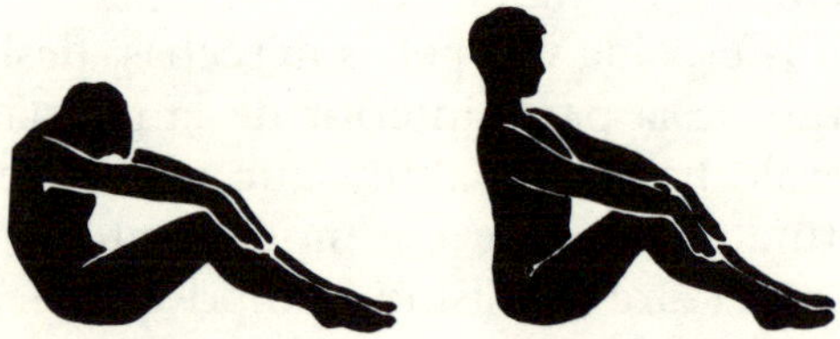

ESTIRAMIENTO 6

- Siéntate con las rodillas dobladas.
- Cógete las rodillas con las manos y curva la espalda.
- Contrae el estómago con fuerza mientras bajas la cabeza.
- Echa atrás la mitad del cuerpo, alejándolo de las rodillas.
- Endereza la espalda y levanta la cabeza.
- Repite varias veces.

ESTIRAMIENTO 7

- Apoya las manos en un mueble pesado, más o menos a la altura de los hombros.
- Dobla la pierna derecha hasta donde te resulte cómodo.
- Da un paso atrás con la pierna izquierda, tan lejos como te resulte cómodo; la espalda debe estar derecha y la pierna extendida. Trata de mantener ambos pies en línea recta, uno delante del otro, y el talón plano contra el suelo.
- Repite con la otra pierna.

ESTIRAMIENTO 8

- Da un paso adelante con la pierna izquierda, doblando todo lo posible la rodilla izquierda.

- Mantén derecha la pierna de atrás e inclínate todo lo que puedas hacia delante y abajo.
- Conserva la pierna izquierda flexionada, eleva el torso, con los brazos por encima de la cabeza, e inclínate un poco hacia atrás.
- Repite con la otra pierna.

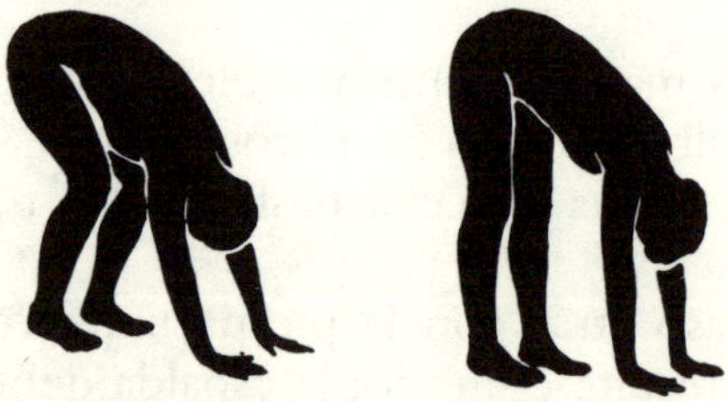

ESTIRAMIENTO 9

- Dobla las rodillas y apoya las palmas de las manos en el suelo.
- Ahora intenta enderezar las rodillas sin levantar las palmas del suelo.
- Trata de mantener la espalda derecha, no curva, y no extiendas las piernas por completo.
- Repite unas cuantas veces.

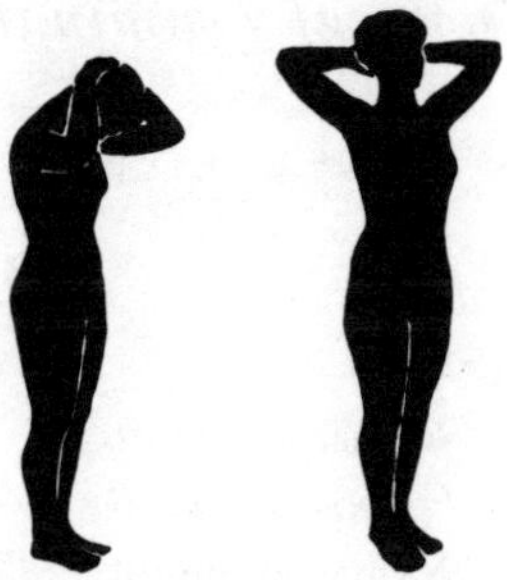

ESTIRAMIENTO 10

- De pie y con los pies separados a igual distancia que la amplitud de los hombros, las rodillas un tanto flexionadas, las manos cruzadas detrás de la cabeza.
- Exhala por la nariz mientras mueves lentamente la cabeza hacia delante y abajo.
- Inhala por la nariz mientras levantas la cabeza y separas los codos poco a poco.
- Repite varias veces; haz movimientos pausados, no sacudas la cabeza ni el cuello.

2. *Programa de caminatas vigorosas*

Este programa está graduado de forma tal que quien nunca haya practicado ejercicios pueda adquirir un buen estado físico de forma paulatina. Es conveniente que repitas cada etapa el tiempo que sea necesario hasta que te sientas fuerte para pasar a la siguiente. Ten presente que debes caminar en la postura adecuada.

Caminata normal y caminata vigorosa

PRIMERA ETAPA

Días 1 y 3	*Día 5*	*Día 7*
Normal 5 minutos	Normal 15 minutos	Normal 15 minutos
Vigorosa 1 minuto	Vigorosa 5 minutos	Vigorosa 5 minutos
(Repite 30 minutos)	Normal 10 minutos	Normal 15 minutos

SEGUNDA ETAPA

Normal 4 minutos	Normal 20 minutos	Normal 15 minutos
Vigorosa 1 minuto	Vigorosa 10 minutos	Vigorosa 15 minutos
(Repite 50 minutos)	Normal 10 minutos	Normal 15 minutos

TERCERA ETAPA

Normal 3 minutos	Normal 20 minutos	Normal 15 minutos
Vigorosa 1 minuto	Vigorosa 15 minutos	Vigorosa 20 minutos
(Repite 50 minutos)	Normal 15 minutos	Normal 15 minutos

CUARTA ETAPA

Normal 3 minutos	Normal 20 minutos	Normal 15 minutos
Vigorosa 1 minuto	Vigorosa 20 minutos	Vigorosa 30 minutos
(Repite 30 minutos)	Normal 20 minutos	Normal 15 minutos

QUINTA ETAPA

Normal 2 minutos	Normal 15 minutos	Vigorosa 60 minutos
Vigorosa 1 minuto	Vigorosa 30 minutos	Normal para
(Repite 60 minutos)	Normal 15 minutos	recuperarse

3. Mejoramiento de la eliminación y fortalecimiento de los músculos abdominales

A: EL CAMELLO

- Ponte en cuatro patas. Relaja el abdomen en dirección al suelo, de forma tal que la parte inferior de la columna también se incline un tanto hacia el suelo. Al hacerlo, inhala para hinchar el abdomen y el pecho.
- Ahora exhala a fondo; has de extraer todo el aire de los pulmones.
- No inspires de inmediato. Presiona en cambio las manos contra el suelo y arquea la espalda. Mientras lo haces, contrae el estómago hacia la columna. Mete el estómago y el abdomen con firmeza. Manténte así de cinco a diez segundos, sin esforzarte.
- Relaja otra vez el abdomen en dirección al suelo e inhala profundamente.
- Repite de tres a cinco veces. Con un poco de práctica te resultará posible mantener esa posición, con el abdomen contraído, de quince a treinta segundos.

B. EL CABALLITO DE BALANCÍN

- Tiéndete de espaldas sobre una colchoneta blanda y mullida. Cógete los tobillos con las manos, levanta las rodillas hacia el pecho, y balancéate suavemente hacia atrás y adelante –con todo el cuerpo– unas cuantas veces. Respira por la nariz mientras te balanceas.
- Interrumpe el balanceo y sostén las rodillas lo más cerca posible del pecho.

- Lleva las rodillas flexionadas hacia la frente, con lentitud. No te esfuerces; sólo acércalas tanto como puedas.
- Mantén esta posición unos segundos, con un ritmo respiratorio normal. Luego baja las rodillas y relájate mientras exhalas por la nariz.
- Repite tres veces.

4. *Los cinco ejercicios mágicos*

EJERCICIO MÁGICO NÚMERO UNO: BOSTEZO Y ESTIRAMIENTO

- Ponte de pie, derecho. Cierra los puños y presiónalos contra el pecho. Levanta los brazos poco a poco, al tiempo que abres la boca y los puños. Abre la boca todo lo posible y trata de bostezar. Extiende bien los dedos de la mano.
- Ahora mueve los brazos hacia el pecho, lentamente, mientras contraes los dedos hasta que los puños estén otra vez cerrados.
- Repite de ocho a diez veces. Bosteza y estírate de esta manera. Piensa que eres una flor cuyos pétalos despiertan con el sol matinal.

EJERCICIO MÁGICO NÚMERO DOS: LA MARIPOSA

- Ponte de pie en buena postura, con las rodillas un tanto flexionadas.
- Cruza las manos en la nuca, con los dedos entrelazados. Mientras inhalas lentamente por la nariz, echa los codos hacia atrás, hasta donde te resulte cómodo, como si fueran las alas de una mariposa.

- Ahora inclínate hacia delante mientras exhalas por la nariz, inclinando también los codos y tocando el pecho con el mentón.
- Empieza otra vez a inhalar y separa los codos y muévelos hacia atrás hasta que tus alas de mariposa estén extendidas por completo.
- Repite doce veces. La respiración por la nariz ha de ser lenta y rítmica; expande y contrae el pecho a cada inhalación y exhalación.
- Muévete siempre con suavidad, no sacudas la cabeza ni el cuello.

EJERCICIO MÁGICO NÚMERO TRES: EL PÁJARO

- Ponte de pie con los brazos extendidos a los costados del cuerpo, como si fueran las alas de un pájaro.
- Con la espalda derecha y las rodillas un tanto flexionadas, comienza a ladear tus alas lentamente hacia la izquierda, bajando la mano izquierda hacia el lado izquierdo y levantando la derecha por encima de la cabeza, hasta que esté vertical. Deja que la cabeza se mueva suavemente con los brazos y siga el arco de tus alas. Permanece en esta posición unos segundos.
- Luego ladea tus alas hacia la derecha, hasta que la mano izquierda se encuentre por encima de la cabeza y la derecha en el lado derecho. Deja que la cabeza se mueva suavemente con los brazos y siga el arco de tus alas. Conserva esta posición unos segundos; después comienza a ladear tus alas hacia la izquierda.
- Repite seis veces, cambia de lado con lentitud y evita sacudir la cabeza o el cuello.

EJERCICIO MÁGICO NÚMERO CUATRO:
ENCOGIMIENTO DE HOMBROS

- Sentado o de pie, con los brazos colgando relajados a los costados del cuerpo. Levanta ambos hombros al mismo tiempo, como si trataras de tocar con ellos las orejas.
- Ahora mueve los hombros hacia delante, luego hacia abajo y desde allí hacia atrás, para volver al punto de partida. Has de hacer movimientos en círculo a un ritmo suave.
- Invierte la dirección de los movimientos.
- Repite de cinco a diez veces en cada dirección.

EJERCICIO MÁGICO NÚMERO CINCO:
LEVANTAMIENTO DE CALCETINES

- Coge los calcetines que vas a ponerte y déjalos caer al suelo. Alcánzalos con el pie derecho y flexiona los dedos alrededor de uno de ellos. Oprímelo con fuerza y levántalo unos treinta centímetros. Abre los dedos, suelta el calcetín y déjalo caer. Repite seis veces.
- Procede de la misma manera con el pie izquierdo. Repite seis veces. Con la práctica podrás sentarte en una silla o al borde de una cama y levantar ambos calcetines con los pies en forma simultánea.

5. Descansos con ejercicios en la oficina

Los siguientes movimientos son beneficiosos en especial para quienes pasan mucho tiempo sentados. Requieren poco tiempo y, si se ejecutan con regularidad, harán que tu trabajo sea más placentero y eficiente.

Si es posible, aflójate el cinturón, la corbata, etc., quítate los zapatos y sitúate en una superficie pequeña delante de la ventana abierta.

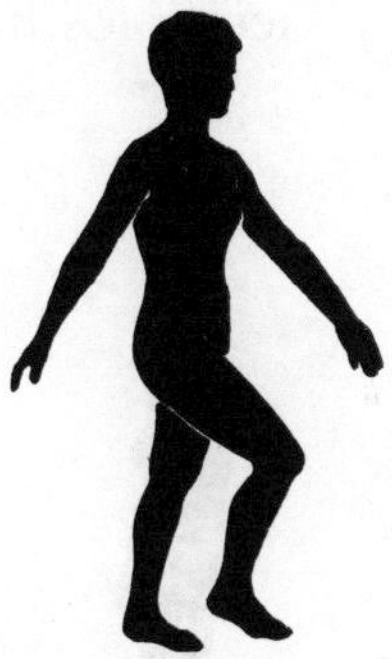

TROTE CORTO (JOGGING) EN EL MISMO SITIO

Empieza levantando el talón izquierdo y luego el derecho, en forma alternada. Pasa gradualmente a un ligero trote. Intenta relajar los brazos y moverlos con naturalidad mientras trotas.

ESTIRAMIENTO Y BOSTEZO

Extiende los brazos hacia arriba al mismo tiempo que te pones de puntillas. Estírate bien y bosteza; luego deja caer los brazos y sacude los hombros.

BALANCEO DE HOMBROS

Levanta un hombro por vez, bájalo y relájalo. Alterna el balanceo y la relajación. Después de balancearlos varias veces, sacúdelos al mismo tiempo y relájalos.

FLEXIÓN LATERAL

Ponte de pie, con los pies a una distancia cómoda, equivalente a la amplitud de los hombros. Inclínate hacia la izquierda con lentitud y mantén esta posición. Luego inclínate hacia la derecha y permanece así unos segundos. En cada lado, deja que tu peso te lleve en dirección al suelo.

GIRO LATERAL

Ponte de pie, con los pies separados a igual distancia que la amplitud de los hombros. Dobla los codos hasta que las puntas de los dedos toquen los hombros. Con los pies apuntados hacia delante, gira lenta y suavemente la parte superior del cuerpo hacia la izquierda. Mantén esta posición, sin esforzarte, de tres a cinco segundos. Ahora rota poco a poco en dirección opuesta para adoptar la misma posición sobre el lado derecho. Manténla sin esforzarte, de tres a cinco segundos. Prosigue con este movimiento lento y rítmico de un lado a otro, y deja que la cabeza y los ojos se muevan con la parte superior del cuerpo. No te sacudas ni te esfuerces.

FLEXIÓN FRONTAL

Ponte de pie, con los pies separados a igual distancia que la amplitud de los hombros. Cruza las manos delante del cuerpo e inclínate hacia adelante desde la cintura, con suavidad. Las rodillas deben estar un tanto flexionadas. Primero inclínate hacia la pierna izquierda, enderézate e inclínate hacia la pierna derecha. No te sacudas ni eches el cuerpo hacia delante. Deja que la gravedad haga el trabajo. Trata de relajar los brazos y el cuello cuando te inclinas.

SALTAR/BRINCAR

Salta alternativamente, dos veces sobre un pie, y luego dos veces sobre el otro. Mantén las rodillas altas. Finaliza con un trote moderado en el lugar.

ESTIRAMIENTO Y RELAJACIÓN

Ponte de pie, con los pies separados a igual distancia que la amplitud de los hombros, las manos a los costados del cuerpo. Impulsa los brazos hacia delante y arriba con lentitud, hasta que estén detrás de la cabeza, tan lejos como te resulte cómodo. Mantén esta posición unos segundos, sin esforzarte.

A continuación, deja caer los brazos hacia delante poco a poco, al mismo tiempo que doblas ligeramente las rodillas. Levanta los brazos y llévalos detrás del cuerpo, tan lejos como te resulte cómodo. Permanece así unos segundos, sin realizar esfuerzos.

Inspira por la nariz mientras llevas los brazos hacia delante y arriba. Espira por la nariz al mismo tiempo que mueves los brazos hacia abajo y atrás.

Apéndice C

Breves ensayos sobre nutrición

1. FIBRA página 223
Qué es, por qué es necesaria y en qué alimentos se encuentra.
2. LAS PROTEÍNAS COMPLETAS MEDIANTE UNA COMBINACIÓN SENCILLA DE ALIMENTOS página 225
Cómo detener todas las proteínas necesarias, sin todas las calorías.
3. PARA QUÉ SIRVE EL AZÚCAR página 226
Por qué el organismo necesita y desea azúcar; cómo endulzar la dieta y fomentar la buena salud al mismo tiempo.
4. EL PAN Y EL GRANO ENTERO COCIDO página 229
La importancia real de un alimento que se considera esencial; cómo lograr que el pan de grano entero sea más nutritivo y delicioso.

1. *Fibra*

En los últimos años se ha hecho mucha publicidad sobre la fibra como uno de los «descubrimientos» nutricionales más extraordinarios del siglo. ¿Qué es exactamente la fibra? ¿Qué efectos tiene? ¿Cómo estar seguros de que consumimos suficiente cantidad?

¿QUÉ ES LA FIBRA?

La fibra sólo proviene de las plantas: los cereales, las verduras, las frutas, los frutos secos y las semillas. La cantidad de fibra varía mucho de una planta a otra e incluso en la misma planta, según la estación del año. Si bien la fibra es una sustancia comestible, de hecho se la considera no nutritiva, ya que el intestino no la asimila con facilidad.

¿QUÉ EFECTOS TIENE?

La fibra suele mejorar y facilitar la evacuación intestinal. Aunque existen grandes variaciones, ✻en general un incremento en la cantidad de fibra aumenta la cantidad y el volumen de las evacuaciones, acelera su tránsito y aumenta la actividad motora del colon, favoreciendo así la eliminación. Estudios recientes indican que un mayor consumo de fibra ofrece cierto grado de protección contra muchos trastornos crónicos, en especial los relacionados con el colon[1].

¿CUÁNTA FIBRA ES NECESARIA?

Si bien las opiniones difieren en cuanto a la cantidad de fibra imprescindible para la buena salud, la mayoría de los investigadores coinciden en que por lo general las dietas occidentales incluyen poca fibra. ✻Práctica-

1. Estos estudios también señalan que en la dieta occidental hay una baja proporción de fibra y una alta proporción de sacarosa, hidratos de carbono refinados, grasas animales y proteínas, factores que pueden contribuir a numerosas enfermedades. Para mayor información, véase: A. Mendeloff et al., «Fiber», *Nutrition in Disease*, Ross Laboratories (1978).

mente todos los que siguen una dieta occidental normal, pueden duplicar el consumo diario de fibra con resultados beneficiosos. Es aconsejable comer más cereales con salvado y con un alto porcentaje de fibra, granos enteros (arroz, mijo, trigo sarraceno, centeno, etc.), judías, frutos secos, frutas y verduras crudas. Para obtener mejores resultados, aumenta la cantidad de fibra de un modo gradual, a fin de dar al organismo la posibilidad de acostumbrarse al mayor volumen de comida. Casi todas las personas comentan que se sienten mejor. Intenta averiguarlo por ti mismo.

2. *Las proteínas completas mediante una combinación sencilla de alimentos*

Las proteínas proporcionan el material indispensable para construir y reemplazar los tejidos y las células. La cantidad de proteínas que requiere un individuo está determinada por muchísimos factores, que incluyen la edad, actividad física, talla y constitución corporal, y nivel de estrés que provoca la vida cotidiana.

Los alimentos ricos en proteínas son las judías, el queso, los huevos, el grano entero, las legumbres (lentejas, guisantes, etc.), los frutos secos, las semillas y las verduras de hoja verde oscuro, como la espinaca y la col rizada.

Las proteínas completas –aquellas que contienen los ocho aminoácidos esenciales– pueden obtenerse a través de una combinación sencilla de alimentos: agrega un cuarto de taza de judías, lentejas o guisantes a cada taza de grano entero, como arroz, mijo o maíz. Esta combinación simple y natural es habitual en las dietas de los nativos en distintas partes del mundo: arroz y semillas de soja en Asia; *dal* y *chapatis* en India; frijoles y maíz en Sudamérica; *tempe* y arroz en Indonesia; maíz, calabaza y judías entre los indígenas norteamericanos.

3. *Para qué sirve el azúcar*

El azúcar es un combustible corporal fundamental; se encuentra en distinta proporción en todos los alimentos. Si se le permite, el organismo elabora el azúcar que necesita, a partir de los alimentos que se le incorporan: extrae el azúcar natural de las frutas y las verduras frescas, y transforma los hidratos de carbono completos (los granos enteros) en azúcar. El cuerpo funciona como una fábrica de azúcar: la elabora y procesa a un ritmo constante para su propio uso.

Los granos enteros o hidratos de carbono complejos contienen grandes cantidades de azúcar en una forma que el organismo necesita y puede utilizar. Ejemplos de hidratos de carbono complejos son el maíz, el arroz integral, la cebada, el mijo, la avena y el trigo. Están cargados de azúcar natural, razón por la cual muchos edulcorantes y dulces se elaboran a partir del grano entero.

El azúcar también está presente en las frutas y las verduras crudas: el apio, la zanahoria, el maíz, la remolacha, la lechuga, los guisantes, etc. Esto explica su dulzura, en especial si se comen poco después de la cosecha. La forma en que el cuerpo extrae el azúcar de estos alimentos es muy similar al modo en que la extrae de los hidratos de carbono complejos.

ANSIAS DE AZÚCAR

Cuando el organismo no recibe suficiente cantidad de hidratos de carbono complejos y frutas y verduras de los que extraer azúcar, comienza a buscar otras fuentes para hacer funcionar la fábrica y producir energía. Ante la insuficiencia de azúcar, encuentra azúcares más refinados, como los que contienen los cereales elaborados para el desayuno, las gaseosas, el alcohol, el pan, las pastas, etc.

El azúcar presentada de esta forma satisface las necesidades corporales, pero sólo por poco tiempo; los azúcares refinados, al no requerir transformación y trabajo por parte del cuerpo, se queman muy rápido y deben reemplazarse constantemente. Este consumo rápido, que resulta de arrojar de golpe azúcar refinada en el torrente sanguíneo, produce «picos de azúcar», pero también adicción a ella. Estas ansias de azúcar y los síntomas que las acompañan (depresión, irritabilidad, pereza) cuando no la obtenemos, se conocen en general como hipoglucemia o bajo nivel de azúcar en la sangre. El alivio y la satisfacción suelen ser efímeros, y se dan sólo después de comer cada vez más azúcar.

Los azúcares naturales –que se encuentran en las frutas desecadas, los zumos de frutas, la miel, la melaza y el jarabe de arce– satisfacen las necesidades corporales de azúcar, pero, al igual que los azúcares refinados, se queman con rapidez y producen más ansias de azúcar. ❊Si bien estos azúcares naturales son preferibles a los refinados, son muy concentrados y provocan reacciones hipoglucémicas similares a las causadas por los azúcares refinados. Muchas personas que ingieren dietas «naturales» y utilizan grandes cantidades de azúcares naturales concentrados, de hecho son adictas a los endulzantes, aunque éstos sean más naturales.

- Come una cantidad generosa de granos enteros todos los días (véase El pan y el grano entero cocido, página 229) complementados con frutas y verduras frescas y crudas, para que el organismo aprenda otra vez a extraer el azúcar que precisa de los alimentos naturales.
- Come miel y otros endulzantes naturales con moderación, diluidos en agua. La miel es muy concentrada: ¡una abeja fabrica sólo media cucharada de té en toda una vida de trabajo!
- Diluye todos los zumos de frutas y de verduras en agua fresca por partes iguales.
- Empieza a exprimir frutas y verduras con tu mejor exprimidor: los dientes. La buena masticación extrae poco a poco el azúcar de los alimentos, la diluye para que no sea tan dulce y la prepara para un viaje feliz a través del cuerpo.
- Remoja la fruta seca en agua fresca por lo menos durante veinticuatro horas.
- Da a los niños granos enteros a temprana edad, para que sus cuerpecitos aprendan el arte de elaborar azúcares naturales. El primer alimento después de la leche materna ha de prepararse con grano entero, en lo posible ha de ser leche de avena, seguida por crema de avena hecha con avena molida. ✻La leche de avena, que tiene dulzura natural y sustancias nutritivas muy similares a las de la leche materna, se prepara así: remoja granos de avena recién molidos (muele granos enteros en una licuadora) en agua. Utiliza un cuarto de taza de granos por cada cuarto de agua fresca. Remoja toda la noche.

4. *El pan y el grano entero cocido*

Muchas personas incluyen en su dieta una cantidad generosa de pan elaborado con granos enteros, convencidas de que obtienen de ellos las sustancias nutritivas necesarias. Por desgracia, esto ya no es verdad.

Hasta hace poco tiempo, el pan se horneaba sólo unos minutos después de haber sido molido y transformado en harina. Dadas las condiciones actuales, la mayoría de los granos se muelen y transforman en harina, se almacenan, se embarcan y se elaboran como pan más adelante.

Ésta es una diferencia fundamental. *Amplias investigaciones sobre la nutrición han demostrado que una vez que el grano está molido, su deterioro nutritivo se inicia en unos cuantos minutos.

En la actualidad, ¿qué significa esto para la salud? La respuesta es sencilla: el pan de grano entero que compramos o preparamos nosotros mismos a partir de harina que hemos adquirido, aunque es superior al pan blanco o al pan enriquecido, no contiene las vitaminas y los minerales indispensables para formar cuerpos y dientes saludables.

Esto no significa que dejemos de comer pan de grano entero, sino que con miras a obtener todas las sustancias nutritivas de los granos y los cereales, debemos tratar de comerlos antes de ser molidos, o hacer un esfuerzo y comprar o preparar pan de grano entero que se hornee poco después de la molienda.

Comer granos enteros antes de que sean molidos –es decir, granos cocidos tales como arroz, mijo, trigo sarraceno, maíz y avena– asegurará que nuestro cuerpo reciba las sustancias nutritivas que necesita de los granos enteros. Existen otras ventajas. Como el grano entero cocido es más áspero que casi todo tipo de pan, requiere mayor masticación, la cual fortifica los dientes y las encías. Además, ingerir granos enteros incorpora más volumen y fibra en la dieta, y así se mejora y facilita la eliminación.

A quienes desean un pan más nutritivo, se les recomienda que consigan un molinillo de granos, para molerlos poco antes de hornear el pan. Existe otra alternativa: los granos blandos, como trigo sarraceno, mijo y avena, pueden molerse en la mayoría de las licuadoras eléctricas, para después transformarlos en pan fresco.

Palabras finales

Ahora hago una pausa, guardo la pala y cojo la pluma. Hoy he trabajado al aire libre, he removido la tierra para preparar los cimientos de una nueva morada, el semillero de un nuevo jardín. Cuán similares son estos dos instrumentos, la pala y la pluma: uno capaz de movilizar la tierra, de prepararla para el cultivo y el cambio; el otro capaz de movilizar la mente, de prepararla para el cultivo y el cambio.

Las palabras y las ideas, al igual que las semillas, requieren condiciones muy especiales para germinar. Parece que algunas brotan casi de inmediato, y crecen con rapidez y vigor, mientras otras están latentes durante meses o incluso años antes de brotar. Por fin se asoman cuando menos lo esperamos. Mientras conducimos por una autopista congestionada o descansamos en una bañera con agua caliente, quizá surja una idea que se plantó mucho tiempo atrás, como una flor que se abre en nuestra cabeza.

El organismo humano es un instrumento extraordinario. Con los pies, por ejemplo, podemos patear una pelota a través de un campo cubierto de hierba. Con las manos podemos arrojar una piedra a través de un arroyo o un río. Con la nariz olemos el aroma de una delicada flor. Con los oídos percibimos el sonido de un insecto que bate sus alas. Con los ojos vemos las estrellas en el horizonte distante. Con la mente somos capaces de cruzar océanos y continentes, recorrer generaciones e ideas, viajar donde no existen fronteras, excepto las que nosotros mismos decidamos crear. El espíritu humano no tiene límites.

La auténtica salud, al igual que una brisa suave o una abeja, espolvorea y poliniza todo objeto y persona que toca. El agua pura, por ejemplo, exige que salvaguardemos los arroyos y los ríos de donde fluye. Los alimentos sanos y nutritivos requieren tierra sana, no contaminada. La oxigenación adecuada de los pulmones demanda no sólo largas caminatas, sino también aire puro, impoluto. Un medio social pacífico, en el cual criar niños saludables, reclama buena comunicación con otros pueblos del mundo, cultivo y valoración de las similitudes e intereses comunes.

En breves palabras, el verdadero objetivo de la salud, y de este libro sencillo, consiste en mejorar el cultivo de la condición humana, estimularte a ti, estimado lector, a que mejores un poco la tierra a cambio de transitarla.

Recetas

ℜ

Para estar sano y feliz a cualquier edad, sigue estas indicaciones a diario

ℜ 1

Al levantarte, practica algunos ejercicios de estiramiento a un ritmo pausado, mientras respiras profundamente por la nariz.

ℜ 2

Haz alguna actividad práctica con las manos. Trabaja en el jardín. Cuelga ropa en la cuerda. Amasa. Cose. Esculpe. Pinta un cuadro para un amigo.

ℜ 3

Da un paseo prolongado y vigoroso al aire libre. Procura conocer flores y árboles, insectos y animales, niños y vecinos. Camina erguido, en buena postura.

ℜ 4

Cierra los ojos. Relájate. Toma una siesta. Dedica unos minutos al día a relajarte por completo.

ℜ 5

Establece un ritmo de vida armonioso. Acuéstate antes de sentirte rendido. Levántate antes de que el sol esté muy alto. Evita aceptar más trabajos o responsabilidades de los que puedes abarcar con comodidad.

℞ 6

Trabaja activamente para conservar la belleza de la naturaleza. Haz de la tierra un lugar más saludable a cambio de haberla pisado.

℞ 7

Piensa y actúa de un modo positivo. Las risas, las sonrisas y las palabras amables son una medicina poderosa. Sentirse bien es contagioso. Transmite tu salud y felicidad a otras personas.

Svevo Brooks, educador y nutricionista europeo, ha practicado el cuidado de la salud en base al sentido común, tanto en la clínica como en la esfera de actividades, durante más de veinte años. Estudió los cuidados tradicionales de la salud en África, Asia, Latinoamérica, el Caribe y el Mediterráneo mientras vivió entre sus habitantes. Ex atleta profesional y maestro, es un orador popular de temas relacionados con la salud, el buen estado físico y el medio ambiente. Sus múltiples intereses abarcan trabajo como voluntario en el servicio público, jardinería y apicultura; además escribe cuentos para niños. Completó *El arte de vivir bien* cuando vivió en la isla griega de Kos, patria de Hipócrates, el padre de la medicina moderna.

VIAJE DE ESTUDIOS POR EL MEDITERRÁNEO

Cada primavera, Svevo Brooks y otros distinguidos educadores de la salud, encabezan un viaje de estudios a Grecia y Turquía. Los lectores interesados en participar, pueden ponerse en contacto con: Traditional Tours, P. O. Box 564, Creswell, Oregon 97426, Estados Unidos.

Título de la edición original: *The Art of Good Living*
Traducción del inglés: Isabel Marta Valle
Diseño: Winfried Bährle

Círculo de Lectores, S.A.
Valencia 344, 08009 Barcelona
3 5 7 9 2 9 0 7 8 6 4 2

Licencia editorial para Círculo de Lectores
por cortesía de Emecé Editores, S.A., Buenos Aires.
Está prohibida la venta de este libro a personas que no
pertenezcan a Círculo de Lectores.

Depósito legal: B. 22040-1992
Fotocomposición: punt groc & associats, s.a., Barcelona
Impresión y encuadernación: Printer industria gráfica, s.a.
N.II Cuatro caminos s/n, 08620 Sant Vicenç dels Horts
Barcelona, 1992. Printed in Spain
ISBN 84-226-4166-6
N.º 30312